Nord-Ostsee-Kanal
Begegnungen

H. Dietrich Habbe
Ulrike Baer
Barbara Kotte

Nord-Ostsee-Kanal

Begegnungen

Wachholtz

Titelbild:
Im Garten des Herrenhauses Steinwehr ankert ein Frachter – scheinbar. Von seinem weit entfernten Kamerastandpunkt aus verdichtete der Fotograf sein Motiv in der Tiefe, ließ das Wasser des Kanals spurlos verschwinden. H. Dietrich Habbes unverwechselbare Landschaftsfotografie ist für präzise Gestaltung und für Spannung und Ausgewogenheit durch die Reduktion auf bildwesentliche Elemente bekannt.

Luftbild:
Wie ein Strom aus purem Silber legt sich der Kanal westlich von Kiel elegant in die Kurven. Nicht mehr lange. Beim bevorstehenden Ausbau hat dieser Bereich höchste Priorität.

Fotografie:	H. Dietrich Habbe
	Ulrike Baer
	www.habbe-foto.de
Text:	Barbara Kotte
Gestaltung, Layout:	H. Dietrich Habbe
Grafik, Reinzeichnung:	Michel Kreuz
Übersetzung der englischen Ausgabe:	Beatrice Baumgartner-Cohen, London

Alle Rechte der Verbreitung, auch durch Film, Funk und Fernsehen, fotomechanische Wiedergabe, Ton- und Bildträger jeder Art, auszugsweisen Nachdruck oder Einspeicherung und Rückgewinnung in Datenverarbeitungsanlagen aller Art, sind vorbehalten.

ISBN: 978-3-529-05343-6

© 2009 Wachholtz Verlag, Neumünster

Die Faszination ist uralt –

Mitten durchs Land: die „Royal Princess" auf dem Weg nach Westen

und jeden Tag neu. Seit mehr als 500 Jahren träumten die Menschen davon, die beiden Meere Nordsee und Ostsee durch einen Wasserweg miteinander zu verbinden. Heute stehen sie an den Ufern des Kanals und träumen den Schiffen entgegen und hinterher. Zu sehen gibt es immer etwas. Rund 120 Traumschiffe passierten in der vergangenen Saison den Kanal. An einem Tag im Juli gleich fünf Kreuzfahrer „am Stück". Mancher Tourist reist mit dem Camper an, um wochenlang zu bleiben. Mancher kommt täglich; zum Angeln, zum Radeln, zum Spazierengehen oder einfach nur zum „Schiffe gucken".

– Andere Beweggründe leiten den Landschaftsfotografen H. Dietrich Habbe, den es seit nunmehr 30 Jahren wieder und wieder an den Kanal zieht. Seine fotografische Intention: die Begegnung, die visuelle Berührung zwischen Schiff und Land und Land und Schiff. Der ständige Prozess der Veränderung der Landschaft durch Wetter, Licht und die unendliche Bewegung der Schiffe Tag und Nacht, Sommer wie Winter. „Es gibt keine Stunde des Tages, wo der Kanal nicht reizvoll lebendig ist." Mit seiner Assistentin Ulrike Baer hat er für dieses Buch die wirksamsten Standorte für die Fotos gesucht und gefunden.

Zwischen Brunsbüttel und Kiel und dort, wo sie einmal begann: die Geschichte des Kanals. –

Zwischen Kiel und Rendsburg ist sie bis heute gegenwärtig, benutzt der Kanal in diesem Bereich doch weitgehend das Bett seines Vorgängers, des Alten Eiderkanals, der 1784 eröffnet worden war - die erste Verbindung von Ostsee und Nordsee! Viele Pläne waren bereits gescheitert als König Christian VII. im Jahre 1773 den Generalmajor von Wegener mit dem Bau bis Rendsburg beauftragte. Von dort aus konnte man die Untereider bis Tönning befahren. Man gründete eine königliche „Canal-Ausführungs-Kommission" und forderte die Besitzer der anliegenden Güter auf, „das zum Canal erforderliche Land unweigerlich abzutreten". 3000 Arbeiter schufteten zehn Jahre lang unter widrigsten Bedingungen: nicht nur moorriger und steiniger Untergrund und hohes Grundwasser machte ihnen zu schaffen, sondern auch das Sumpffieber, dem die Hälfte von ihnen zum Opfer fielen. Im Oktober 1784 konnten das Kanalschiff „Rendsburg" und ein Paketboot zur ersten Fahrt in Holtenau ablegen, jedes von

Historische Schleuse in Rathmannsdorf

Elbe vor der Schleuseneinfahrt Brunsbüttel

Immer schneller, immer größer – die Entwicklung der Schiffe lief gegen den Eiderkanal. Und für seine Kriegsflotte forderte der deutsche Kaiser eine Verbindung zwischen den beiden Meeren. Im Juni 1895 wurde das bis dato größte Tiefbauwerk der Welt mit Glanz und Gloria eingeweiht: der Kaiser-Wilhelm-Kanal, heute Nord-Ostsee-Kanal. Für den Weg zur Nordsee wählten die Planer bewusst möglichst dünn besiedelte Gebiete, und sie legten die Einfahrt – verkehrsgünstig für weltweit fahrende Schiffe – an die Tiefwasserrinne der Elbmündung.

vier Pferden „getreidelt". Zwar hatten die Schiffe auch Segel, aber gerade auf dieser Reise gab es starken Gegenwind. Der war so stark, dass die Taue rissen. Mehrmals landete das Kanalschiff im Ufer. Immerhin, nach zwei Tagen war Rendsburg erreicht. Von den sechs Schleusen, die damals gebaut werden mussten, um den Höhenunterschied von sieben Metern zu überwinden, sind bis heute Relikte in Rathmannsdorf bei Kiel-Holtenau, in Kluvensiek und Klein-Königsförde erhalten. Auch die denkmalgeschützten Packhäuser in Kiel-Holtenau, Rendsburg und Tönning zeugen von der Blütezeit des Alten Eiderkanals.

Das Marschenland,

Schwemmland aus der Nordsee, begleitet den Kanal von der Elbmündung bis zur Höhe von Hochdonn. Die auffallend langen Rampen der Hochbrücke Brunsbüttel – sie ist mit 2831 Metern eine der längsten Brücken Deutschlands – machte dieser empfindliche Baugrund erforderlich. In

Kanalbrücke der Bundesstraße 5 bei Brunsbüttel

Dithmarschen, nördlich gelegen, ist fast die Hälfte des fruchtbaren Bodens dem Meer durch Eindeichung abgerungen. Dithmarschen gilt als die Landschaft des Kohls und der Windenergie. Seine Superlative: größtes geschlossenes Kohlanbaugebiet Europas und Standort von Deutschlands erstem Windpark (1987). Auch Deutschlands derzeit größte Windenergieanlage wird hier getestet, in Brunsbüttel. Das hat natürlich seinen Grund: 273 Tage im Jahr, so haben Meteorologen gemessen, herrschen hier zwischen vier und 10 Windgeschwindigkeiten.

Die Elbmarschen südlich des Kanals – Wilstermarsch, Krempermarsch, Haseldorfer Marsch – liegen besonders tief, zum Teil unter dem Niveau des Meeresspiegels. In Neuendorf bei Wilster kann man „tiefstapeln": Hier befindet sich mit 3,54 Meter unter NN die tiefste Landstelle Deutschlands. Fleete, schmale Entwässerungsgräben, durchziehen überall das Land. Schöpfwerke und Pumpen arbeiten unermüdlich. Schöne alte Städte zeugen von großer Vergangenheit. Itzehoe geht bereits auf eine Gründung Karls des Großen zurück. Wilster, mit einem historischen Rathaus von 1585, war früher eine blühende Seefahrerstadt – bis zum Bau des Kanals. Auch Krempe, mit einem noch älteren Rathaus, war im 16./17. Jahrhundert wichtige Hafenstadt. Glückstadts Altstadt ist heute insgesamt denkmalgeschützt.

Hafenzeile in Glückstadt

Rathaus in Krempe

Historisches Rathaus in Wilster

Brutkamp-Stein, Albersdorf

Hünengrab beim Steinzeitdorf Albersdorf

Sandige Geest

bestimmt den Charakter der mittleren Region. In diesem höher als die Marsch gelegenen Land wurde bereits in der Steinzeit gesiedelt. Während bei Hanerau-Hademarschen Hünengräber aus der Jungsteinzeit erhalten sind, finden sich bei Albersdorf nicht nur ganz besonders zahlreiche und eindrückliche Relikte. Archäologen haben hier eine steinzeitliche Freilicht-Anlage nachgebaut, ein Museumsdorf.

Die mehr als 800 Jahre alte Stadt Rendsburg ist nicht nur Mitte des Kanals, sie war auch zuvor schon ein wichtiger Verkehrsknotenpunkt. Die ehemalige Garnison und Festung liegt unmittelbar am Alten Ochsenweg, auf dem seit dem Jahre 1150 Tiere und Heere von Jütland nach Hamburg gelangten. Ende des 18. Jahrhunderts wurde Rendsburg zudem Endpunkt des Alten Eiderkanals, des Vorgängers vom Nord-Ostsee-Kanal. So ist es kein Wunder, dass seine Stadtgeschichte aus einer Folge von Kriegen, Eroberungen und Belagerungen besteht. Schöne historische Gebäude sind im Stadtbild erhalten. Der Rendsburger Kreishafen, einer der führenden Umschlagplätze für Massengut, ist vergleichsweise jung: ebenso alt wie der Nord-Ostsee-Kanal.

Frühgeschichtliche Hausrekonstruktion, Steinzeitdorf Albersdorf

In Richtung Kieler Förde führt der Weg des Kanals sodann durch das abwechslungsreiche

Östliche Hügelland,

in dem bis heute Spuren der letzten Eiszeit sichtbar sind. Zum typischen Landschaftsbild gehören hier die zahlreichen Knicks - Wallhecken, mit denen man seit etwa 200 Jahren Koppeln und Felder begrenzt. Sie sind von unschätzbarer ökologischer Bedeutung: rund 7000 Tierarten finden in ihnen Heimat und Unterschlupf.

— Die grafische Schönheit der holsteinischen Knicklandschaft in zarten Frühlingsfarben (Seite 80/81) erschließt sich in besonderer Weise beim Blick aus der Luft und noch stärker in der abstrakten senkrechten Sicht. Dieses Landschaftsbild trotz Bewegung des Flugzeugs präzise darzustellen, ist eine Herausforderung für gute fotografische Teamarbeit und eine ruhige Hand. Der Fotograf führt den Piloten über das Motiv, während die Assistentin ungestört die Kamera auslöst. —

Typisch für das östliche Hügelland ist auch sein Reichtum an traditionellen Gütern und Herrenhäusern. Einige haben sich in jüngerer Zeit geöffnet, bieten ihre Repräsentationsräume für Eheschließungen, Empfänge und Ausstellungen an, laden zur Obsternte ein oder veranstalten stimmungsvolle Weihnachtsmärkte. Manche sind bis heute im Besitz von Familien mit großen geschichtsträchtigen Namen.

Der Kanalbau führte zu starken Landschaftsveränderungen: Verkehrswege wurden durchtrennt und durch Brücken und Fähren wieder verbunden. Ein Dorf wurde geteilt, Güter wurden von ihren Ländereien abgeschnitten. Als technische Meisterleistungen galten die Schleusenanlagen in Brunsbüttel und Kiel-Holtenau mit neuartigen Schiebetoren und Torwagenhäusern. Doch die Zufriedenheit mit dem Kanal währte nicht lange. Bereits 20 Jahre später war die erste Erweiterung fällig, auch die Schleusen sind längst vergrößert und modernisiert. Heute überqueren den Kanal überirdisch 10 Hochbrücken und 14 kostenlose Fähren, unterirdisch zwei Tunnel bei Rendsburg. Wahrzeichen Rendsburgs und „First

Torhaus Quarnbek

Lady" unter den Brücken ist die sechs Kilometer lange Rendsburger Eisenbahnhochbrücke mit der Schwebefähre darunter. In weiter Schleife schraubt sie sich über Stadtgebiet in die Höhe. Mancher besteigt hier nur deshalb den Zug, um die Fahrt und den Ausblick von oben einmal zu genießen.

Der Schiffsverkehr auf dem Kanal wird von Verkehrszentralen in Kiel und Bruns-büttel straff geplant und gelenkt. Alle ankommenden Schiffe müssen sich dort anmelden und dürfen erst auf Signal in die Schleuse einlaufen. Bereits vor der Schleuse gehen die ortskundigen Verkehrslenker an Bord: Lotsen stehen den Kapitänen größerer Schiffe beratend zur Seite und bringen auf ganz große „Pötte" noch einen Kanalsteuerer mit. Freie Hand haben sie nicht. Die Geschwindigkeit ist ebenso vorgeschrieben wie die Warte- und Ausweichregeln. Bei Kanalkilometer 55 ist Lotsenwechsel. Der Mann aus Kiel verlässt in Rüsterbergen das Schiff, sein Kollege aus Brunsbüttel tritt seinen Dienst an – oder umgekehrt. Ohne Lotsen würde wohl manches Schiff in der Böschung landen: Im Kanal wird es immer voller.

„Wie der Fotograf durch die Wahl des engen Bildwinkels eine Szene verdichten kann, zeigt H. Dietrich Habbe sehr plastisch auf der Kreuzfahrerseite (48/49). Für den Betrachter scheinen die Schiffe einander fast „auf die Zehen zu treten" – und sind doch beruhigend weit von einander entfernt. Acht Kilometer beträgt der Abstand vom hinteren Schiff bis zum vorderen Bildrand, das sind dreißig Minuten Fahrzeit. Und während die Schiffe sich in der Weiche von Schülp nur im Schneckentempo fortbewegen, bieten sie für den Fotografen in dem engen Bildwinkel des großen Teleobjektivs alle drei Sekunden neue Kompositionsmöglichkeiten. Und er nutzte sie. Das Motiv ist Teil einer Serie von 350 Bildern."

Torhaus Gut Rosenkranz

Böse Zungen behaupten, es gäbe zuweilen mehr Schiffe als Wasser im Nord-Ostsee-Kanal. Längst ist er in einigen Bereichen wieder zu schmal: trotz kundiger Lotsen kommt es immer mal wieder zu Kollisionen – mit

Torhaus Hohenlieth

Schiffen und Böschungen. Schon steht der nächste Ausbau vor der Tür. Noch einmal wird die Landschaft stark verändert werden. Bei Kiel wird der Kanal seine ansehnlichen Windungen für eine nüchtern-gerade Rennstrecke hergeben müssen, und der elegante Bogen der Levensauer Hochbrücke wird fallen – nie wieder wird er mit einem zarten Regenbogen konkurrieren können.

10 | 11

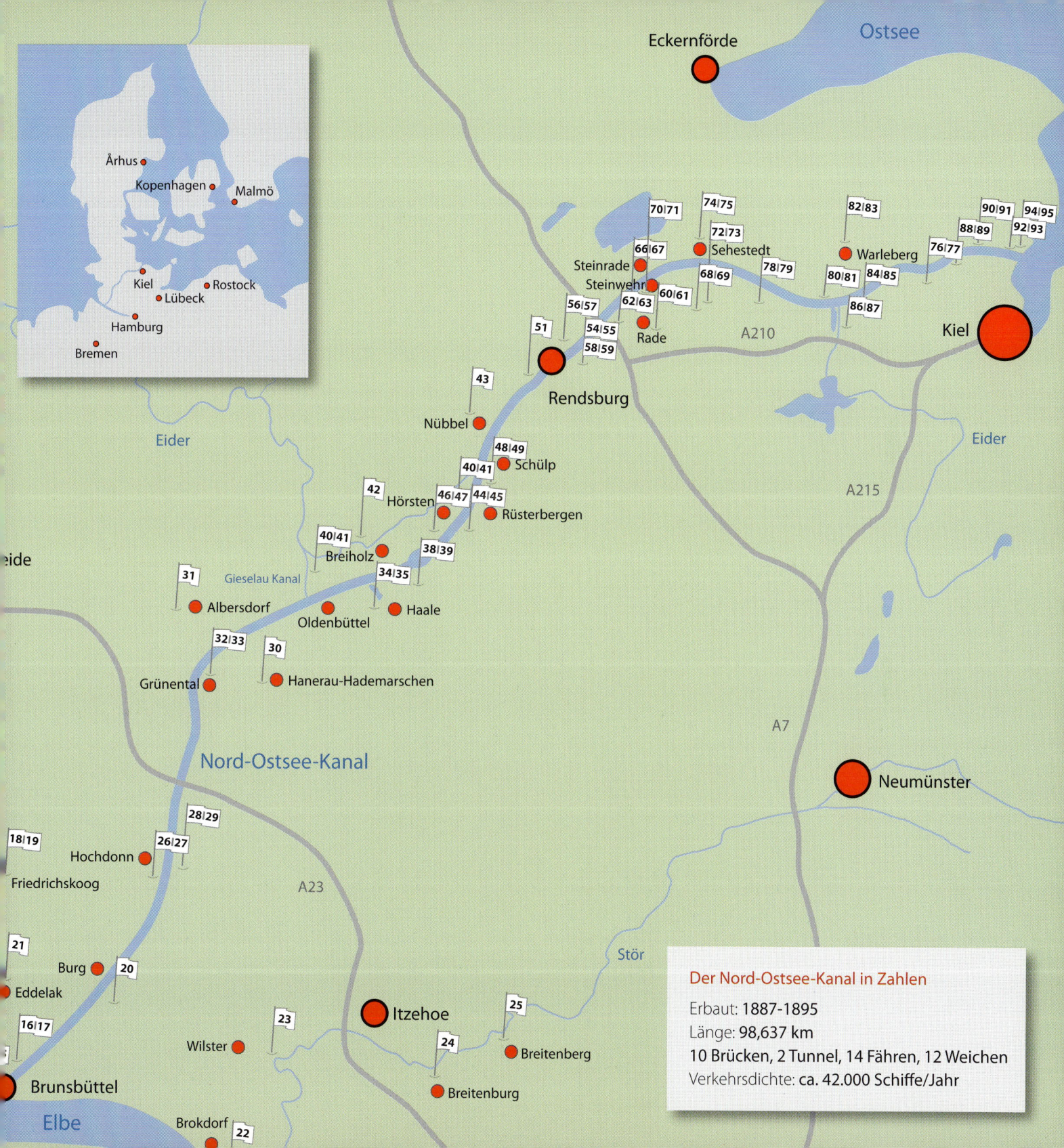

...es ist auch wahr, dass wir nicht wissen,
was wir vermissen, bis es uns begegnet.

Festbeleuchtung für ankommende und auslaufende Schiffe!

Die Molen, die Leuchtfeuer an der Kanaleinfahrt weisen den Weg. Schon auf der Elbe vor Brunsbüttel geht der Kanallotse an Bord und sofort ist sein ganzes Können gefordert: er muss den „Stromschnitt" bewältigen - sein Schiff sicher aus dem Strömungswasser des Flusses in den strömungsfreien Bereich des Vorhafens bringen. Fern vom Elbufer leuchtet das Kernkraftwerk Brokdorf herüber.

Bei geschlossenen Schleusentoren

ist der Kapitän machtlos. Egal, wie gigantisch sein Schiff und wie eng sein Zeitplan ist. Und egal, wohin die Reise geht. In Brunsbüttel möchte der rote Autofrachter mit Vollgas hinaus auf die Unterelbe – und muss doch geduldig in der Schlange warten. Und in der Schleuse zählen die Passagiere an Deck der „Royal Princess" schon die Minuten bis sich die Tore öffnen, der Festmacher ihr Schiff befreit und die schöne Prinzessin endlich zur gemächlichen Entdeckungsfahrt durchs Land der Kühe, Knicks und Kohlköpfe starten kann.

Deiche – Kohlköpfe – und Federvieh

Der fruchtbare Marschenboden Dithmarschens, nördlich des Kanals, bietet dem nahrhaften Gemüse beste Bedingungen. 80 Millionen Köpfe reifen hier jährlich heran. Dithmarschen gilt als das größte geschlossene Kohlanbaugebiet Europas. Den Anschnitt im Herbst feiert die Region mit den Dithmarscher Kohltagen: einer Festwoche mit Kohlregentinnen und einem unterhaltsamen und informativen Programm. Und Kohlgerichten in tausend Variationen. Zu dieser Jahreszeit erfreuen sich die Gänse auf den Marschenwiesen noch ihres Schlaraffenlebens. Sie ahnen ja nicht, dass bald Weihnachten ist!

Mühlenflügel

verwandeln elementare Kraft in Energie. Ein Wissen, das die Menschen seit jeher nutzen, besonders intensiv an den windreichen Küsten. Allein in Dithmarschen standen zwischen 1850 und 1900 über 130 Windmühlen, 14 sind erhalten. Ein Schmuckstück in Eddelak: der voll funktionstüchtige Galerieholländer „Gott mit uns" von 1865. Im Bild legen holländische Spezialisten gerade letzte Hand an bei seiner Restaurierung (2007). Die Windmühlen der Moderne – hier in den Marschen bei Kudensee und bei Burg – haben die Kulturlandschaft stark verändert, aber auch Kritiker sehen ihren Nutzen. Heute wird in Schleswig-Holstein bereits ein Drittel des Strombedarfs durch saubere Windkraft erzeugt.

In der Wilstermarsch liegt das Land tiefer als das Meer

Seit jeher haben die Menschen alle Hände voll zu tun, um nicht mit Hab und Gut „abzusaufen". Ununterbrochen pumpen sie Wasser aus den tiefer gelegenen Ländereien in die Wilster Au. Schöpfmühlen reihenweise prägten früher das Gesicht dieser Landschaft. Heute steht in Honigfleth die letzte ihrer Art in Norddeutschland. Denkmalgeschützt wie auch die Schleuse von Kasenort, die bei Ebbe das Wasser der Wilster Au in die Stör leitet. Bei Hochwasser werden die Tore geschlossen. Der Leuchtturm von Hollerwettern dient heute als Privatdomizil. Er wurde außer Dienst gestellt, weil der Bau des Kraftwerks Brokdorf sein Leuchtfeuer verdeckte.

Wo die Stör durch die Wiesen fließt,

geht der Blick weit über das flache Land – wenn er nicht gerade am Deich hängen bleibt. Ohne die Deiche und das Störsperrwerk wäre hier oft „Land unter", denn bis Kellinghusen ist der Fluss von den Gezeiten abhängig. Wanderruderer haben ihren Spaß daran. Von der Flut lassen sie sich flussaufwärts helfen, bei Ebbe zur Elbe hinunter tragen. Architektonisches Schmuckstück unterwegs: das Schloss Breitenburg bei Itzehoe.

Wichtige Verkehrswege kreuzen sich in Hochdonn.

Die markante Eisenbahn-Hochbrücke überquert die Marsch und den Kanal in Nord-Süd-Richtung, auf ihr verlaufen die Gleise der „Marschbahn" von Hamburg nach Westerland. Die wichtige Fernstraße von Hamburg nach Meldorf (B 431) wurde seinerzeit beim Bau des Kanals unterbrochen – und durch eine Fähre wieder verbunden. Seit Kaiser Wilhelms Zeiten ist die Benutzung der Fähre kostenlos.

Wo das Kanalufer zum Logenplatz wird,

fehlt es nie an begeistertem Publikum – egal ob Trailer-Transporter, Container-Riesen oder Kreuzfahrer majestätisch vorbei gleiten. Mancher lässt sich an der „Bühne Nord-Ostsee-Kanal" gleich wohnlich nieder, wie die Camper bei Hochdonn und die Bewohner des nostalgischen Zirkuswagens in Königsförde. Die Angler gehen zwar zum Schlafen nach Hause, aber bald sitzen sie wieder da – zum Fische fangen und Schiffe gucken.

In Theodor Storms alter Heimat

legt sich der Kanal mächtig in die Kurve. Könnten die Schiffe bei Grünental geradeaus weiter fahren, kämen sie alsbald nach Hanerau-Hademarschen, dem letzten Wohnort des Dichters. Bis heute ist die alte Wassermühle voll funktionsfähig und auch der kleine Waldfriedhof wird noch benutzt. Der Gutsherr, ein süddeutscher Pietist, hatte ihn 1805 nach dem Schema der Herrenhuter Brüdergemeine angelegt. Das Ungewöhnliche: Männer, Frauen und Kinder ruhen hier getrennt. Bestattet wurde dereinst auch im imposanten Brutkamp, dem 4800 Jahre alten Großsteingrab in Albersdorf.

In der Nacht am Kanal

wandelt sich Alltägliches zum Kunstobjekt. Lichter von nahenden Fahrzeugen verfremden die Hochbrücke von Grünental zum eindrucksvollen Monument unterm unendlichen Sternenhimmel. Die Fachwerkbrücke, die den Kanal bei Beldorf im Kreis Rendsburg-Eckernförde quert, wurde erst 1986 vollendet. Sie ersetzte die ursprüngliche Bogenbrücke von 1892 und trägt wie ihre Vorgängerin eine Autostraße und ein Gleis der Eisenbahnverbindung Neumünster-Heide. Aus der Ferne schimmern die Lichter des Luftkurorts Albersdorf weit über die Geestlandschaft herüber. Und auch der Kanal, er lässt sich nur erahnen - durch den warm-gelben Schein seiner Begrenzungsleuchten.

Seerosen blühen,

Zwergschwäne rasten und Störche brüten - Flora und Fauna im Feuchtbiotop Haaler Au südlich von Rendsburg verdanken dem Kanal ihr üppiges Schlaraffenland. Vor seinem Bau war die Haaler Au ein unbedeutender Nebenarm der Eider. Als dann jedoch Eindeichungen notwendig wurden, entstanden in ihrer Niederung große Überschwemmungsflächen, auf denen heute seltene Pflanzen und Tiere heimisch sind. Wenn sich hier Seerosen wiegen und weiße Wolken im Wasser spiegeln, mag man kaum glauben, dass wenige hundert Meter weiter riesige Containerfrachter in alle Welt unterwegs sind.

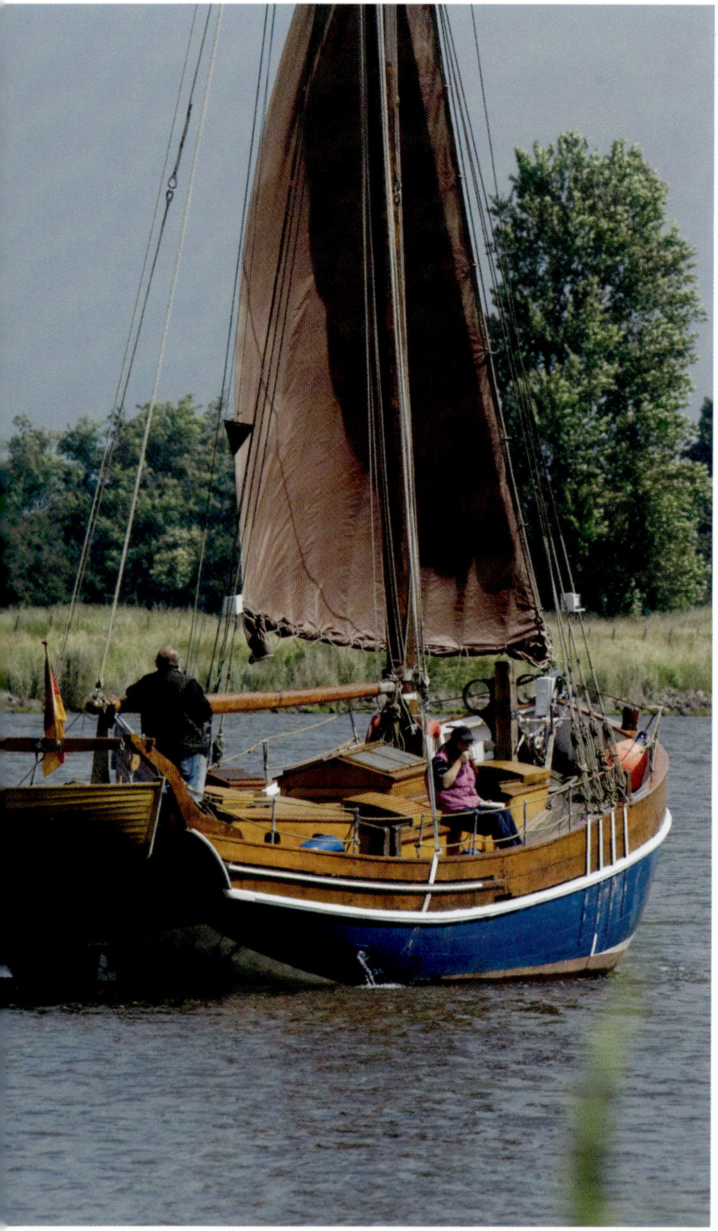
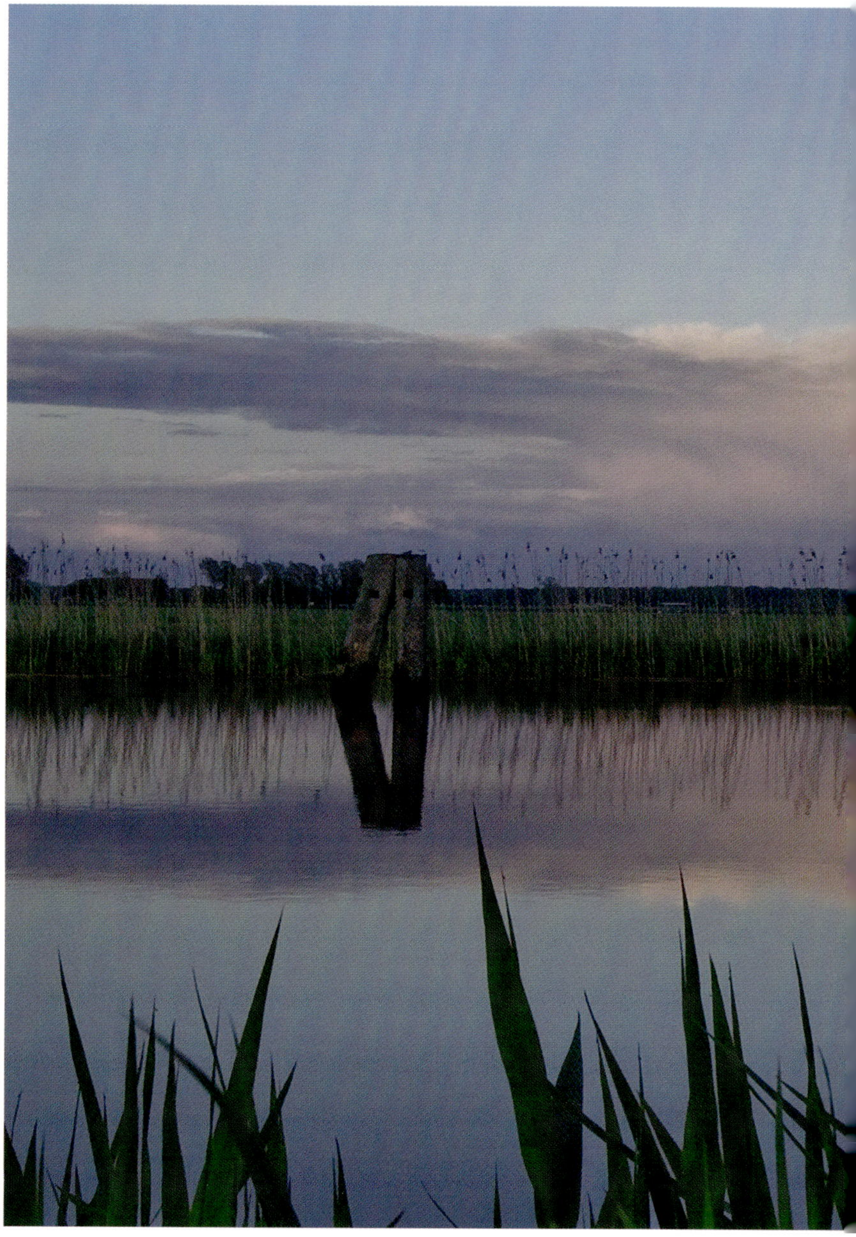

Ruhe und Beschaulichkeit

atmet das Land wo der kleine Gieselaukanal auf seinen großen Bruder trifft. Auf der kaum drei Kilometer langen Verbindung zwischen Eider und Nord-Ostsee-Kanal sind ja fast nur Sportboote unterwegs. Abends schläft der Schiffsverkehr vollends ein: der Schleusenwärter macht frühzeitig Feierabend. Aber was könnte für einen späten Skipper schöner sein, als an einem der Dalben festzumachen und sich von der Abendstimmung verzaubern zu lassen?

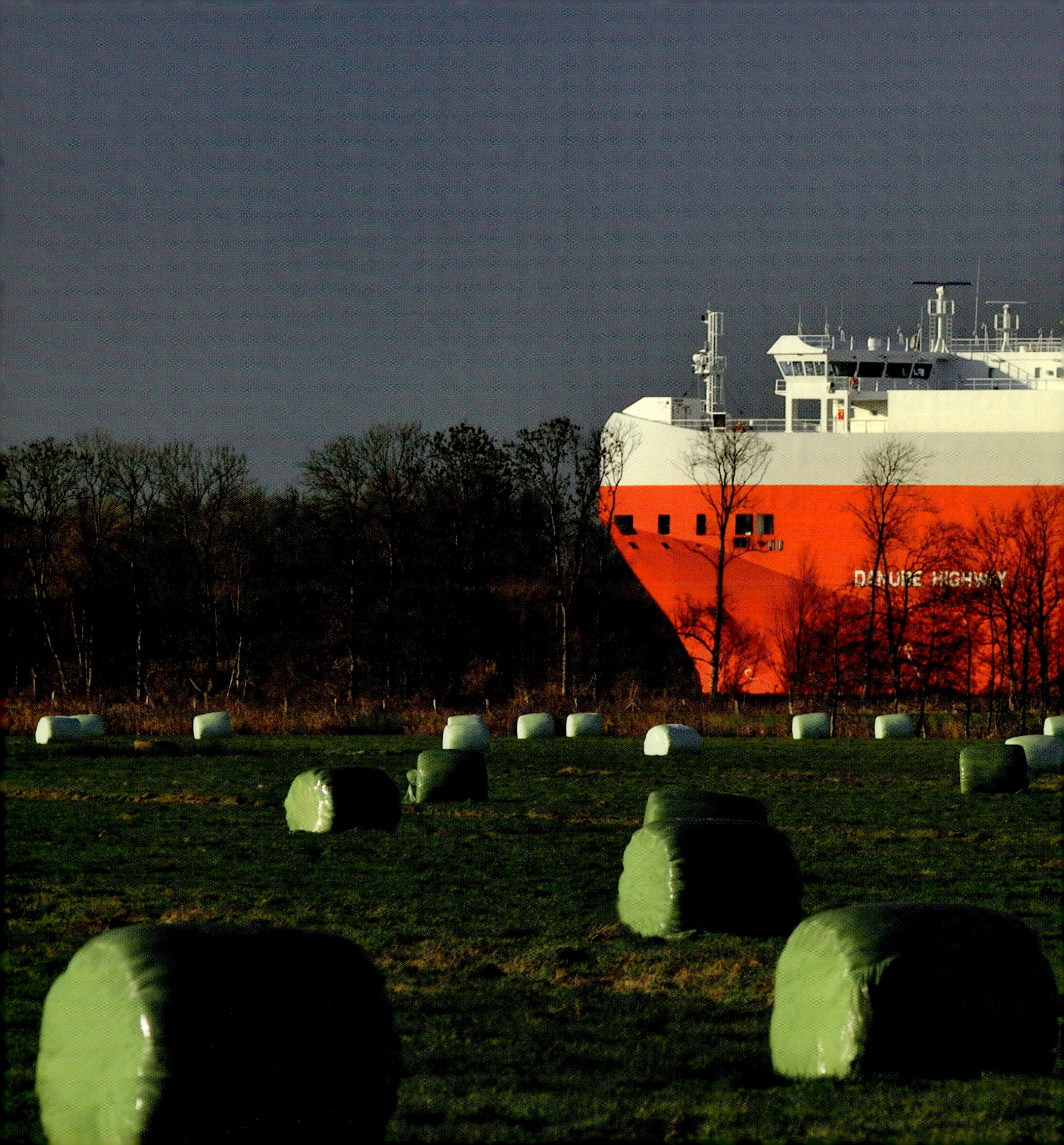
DANUBE HIGHWAY

Wie eine gigantische Kulisse

schiebt sich die wuchtige „Danube Highway" mit ihrem markantem Bug hinter filigranen Baumstrukturen durch das herbstlich leer geräumte Land. Gerade war Lot-

senwechsel in der Mitte des Kanals. Mit den kunstvoll geformten Rundballen im Vordergrund erinnert das Arrangement an eine moderne Theaterinszenierung

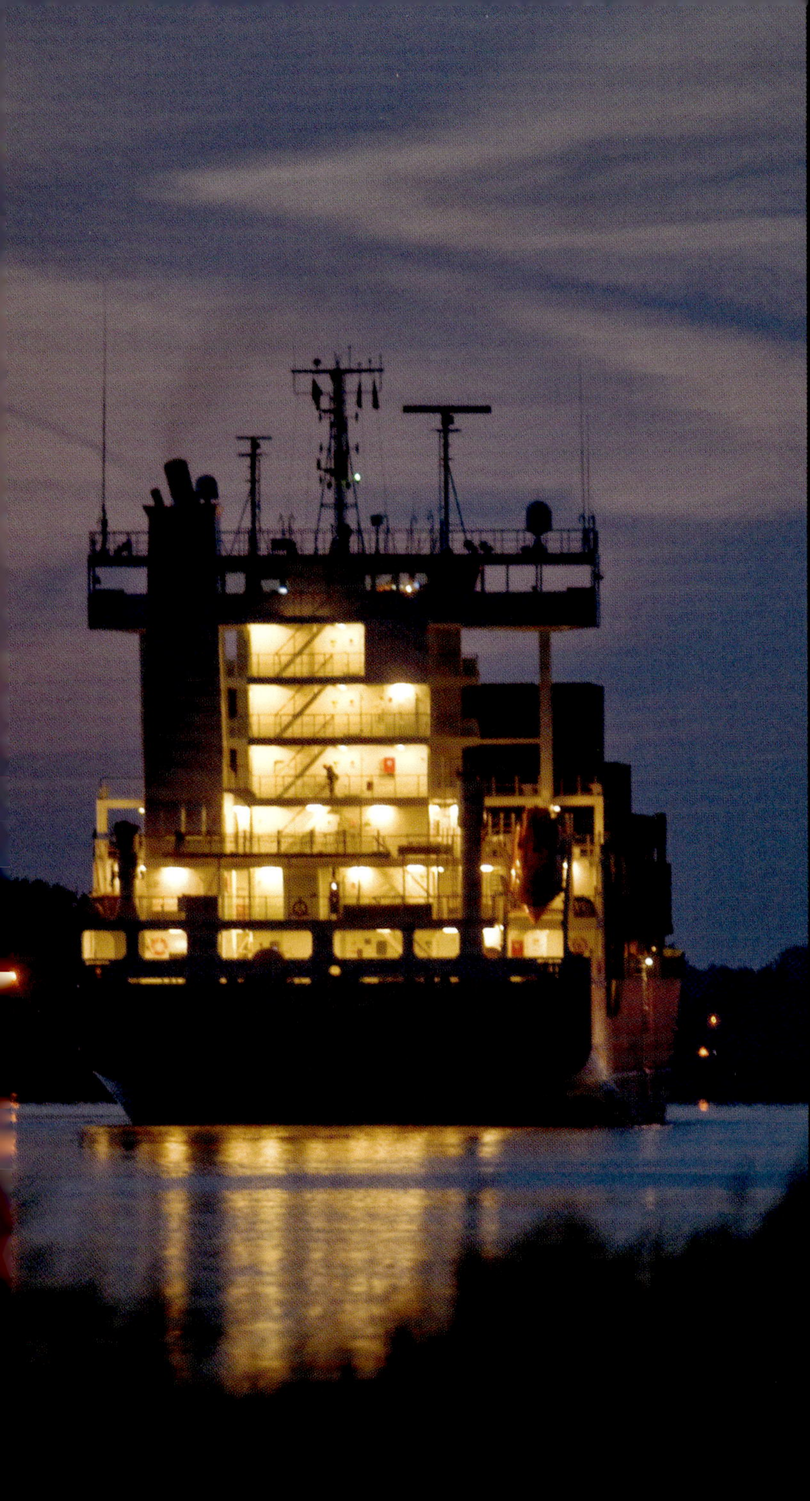
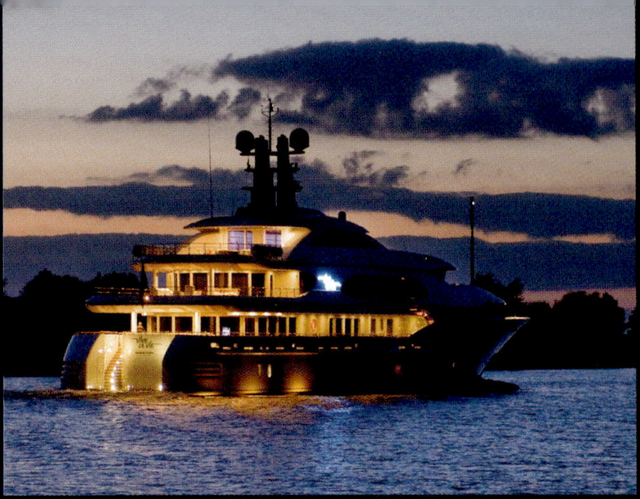
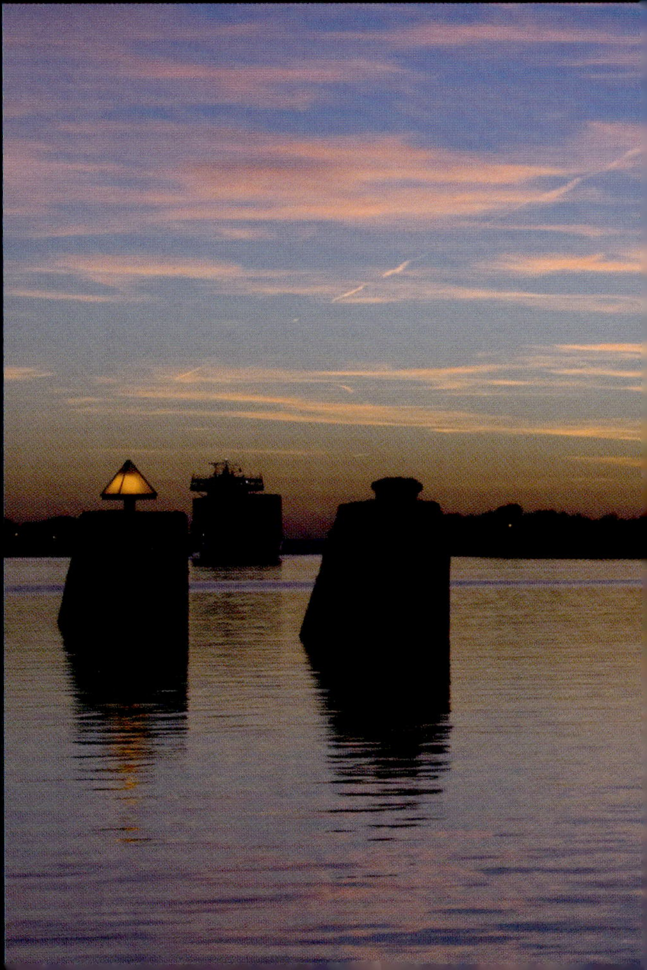

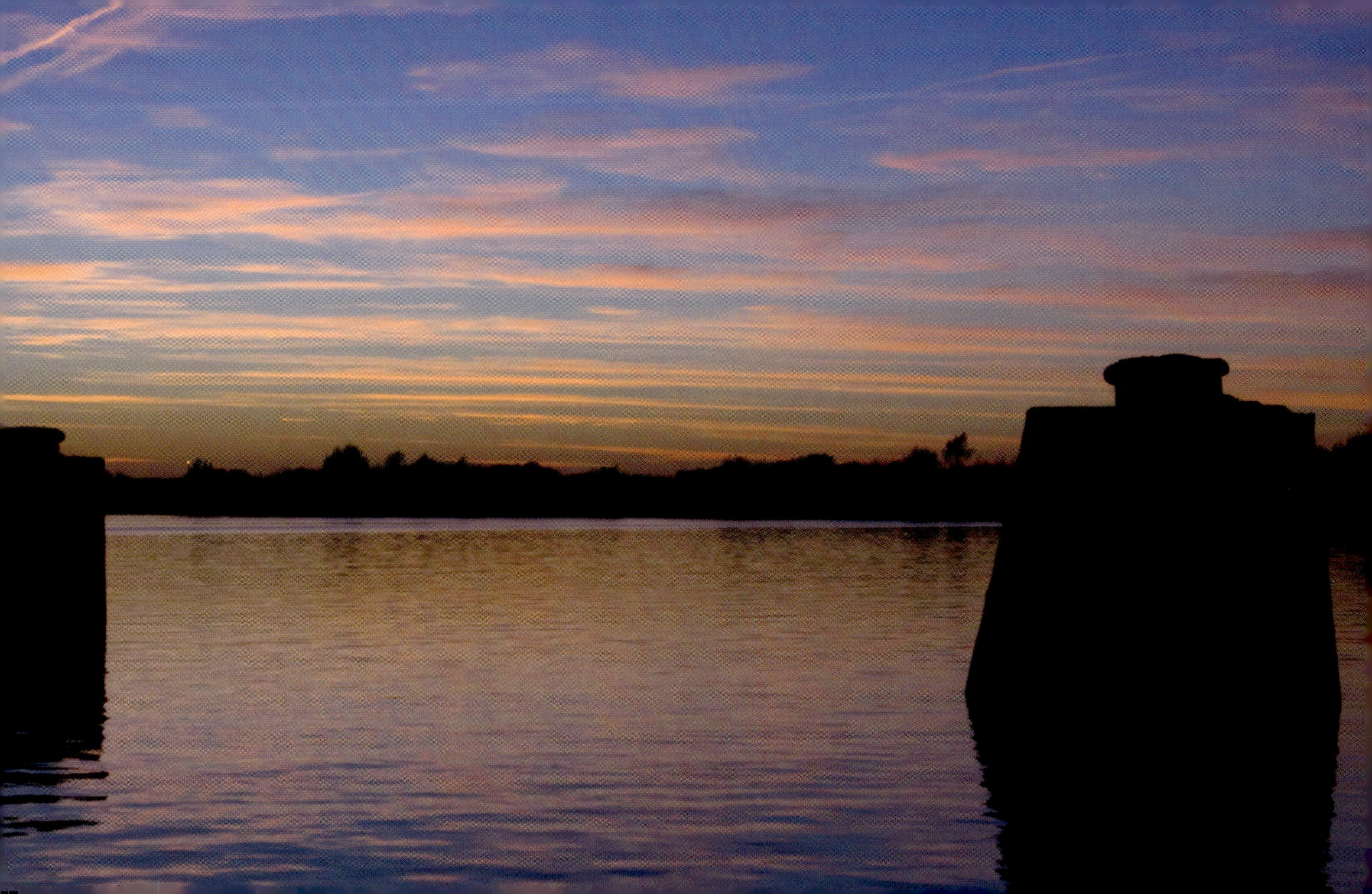

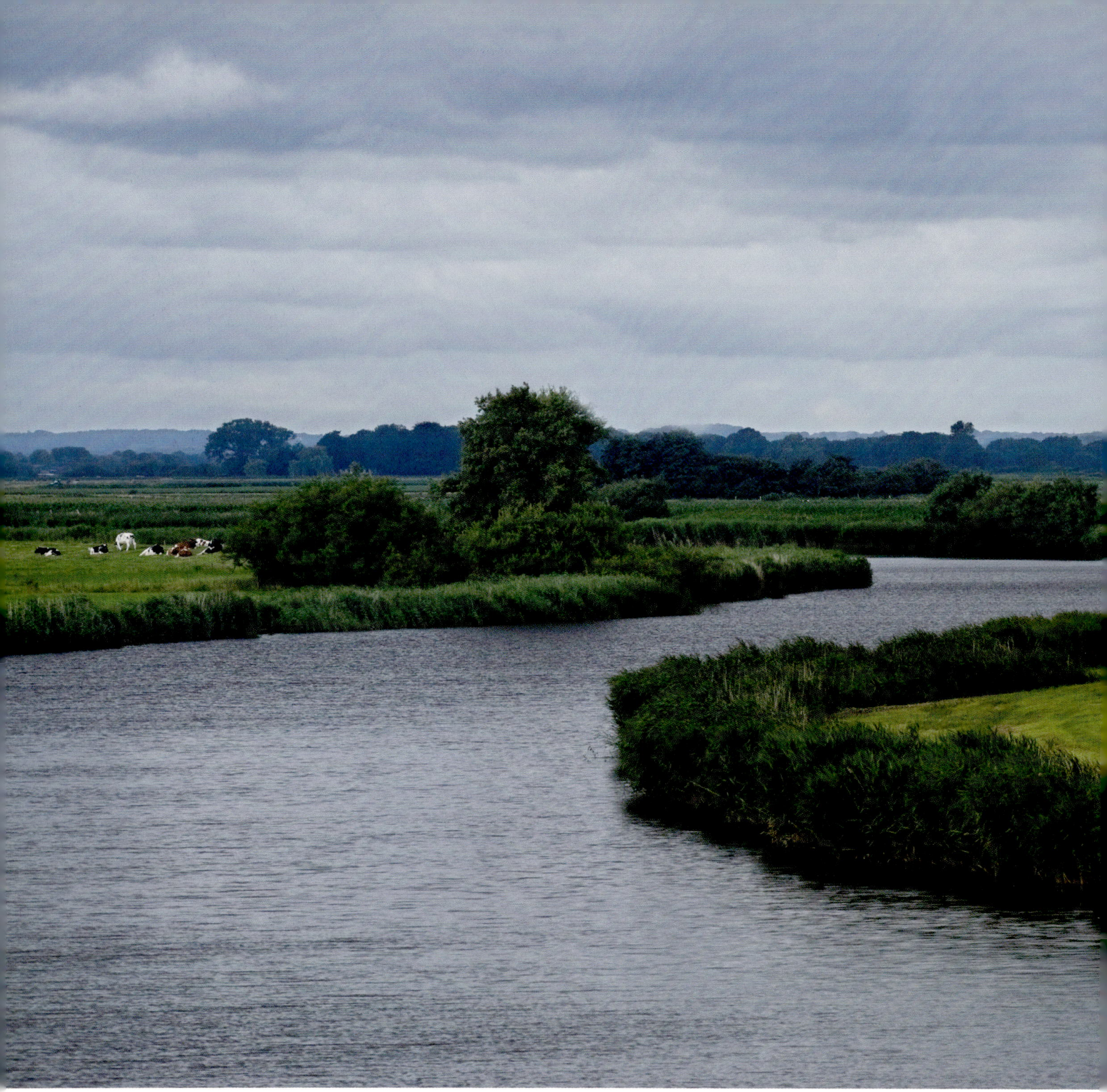

Die Eider auf dem Weg zur Nordsee

Wo die Eider ihren Weg vom Kanal in die Nordsee sucht, bietet sie Wasserwanderern paradiesische Möglichkeiten. Kraftvoll und geruhsam zugleich schlängelt sich der Fluss durch friedliche, stille Niederungen – und ist doch nur ein Torso. Denn Schleswig-Holsteins längster Fluss wurde ein Opfer des Kanals, wurde beim Bau in Flemhude abgeschnitten und 20 Kanalkilometer weiter in Rendsburg neu „installiert". Und dennoch: die Eider fließt und fließt und fließt. Auf dem großen Bild kommt sie dem Betrachter bei Breiholz entgegen. Die Mühle von Nübbel ist heute Heimatmuseum.

Wo die Lotsen kommen und gehen,

an haushohen Schiffswänden hoch und nieder steigen, sind Präzision, Fitness und Tempo gefragt. Das Schiff setzt – Lotsenwechsel hin oder her – nahezu unbeirrt seine Fahrt fort. Eng an den Rumpf geschmiegt, hält das Lotsenversetzboot mit, so eng und so exakt, dass dem Lotsen der erste Schritt auf die steile Leiter an der Schiffswand gelingt und der abgelöste Kollege auch noch von Bord gehen kann. Wenn, wie hier in Rüsterbergen, gleich vier dicke Pötte zu lotsen sind, haben die beiden dort stationierten Versetzboote gleichzeitig Hochbetrieb.

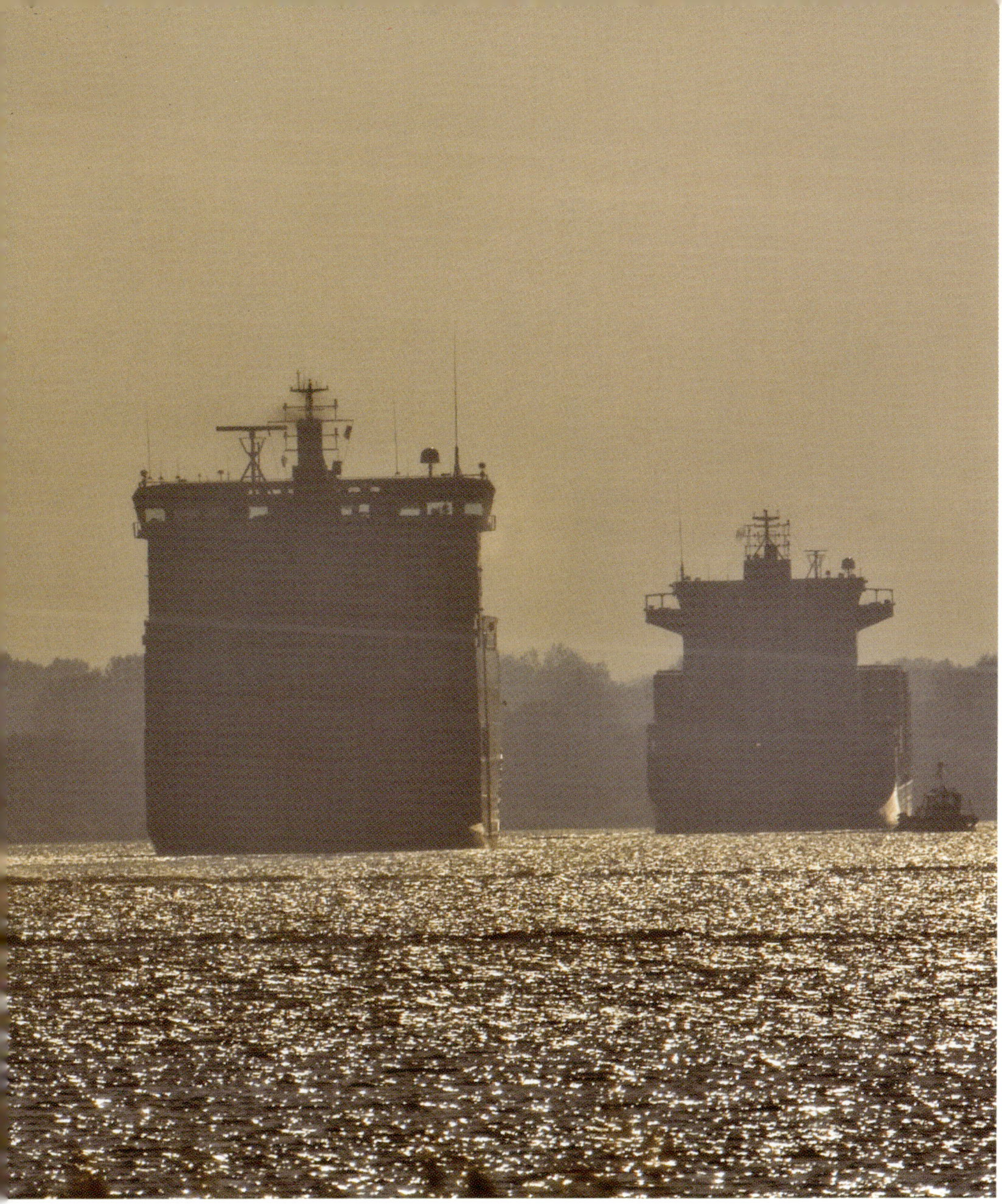

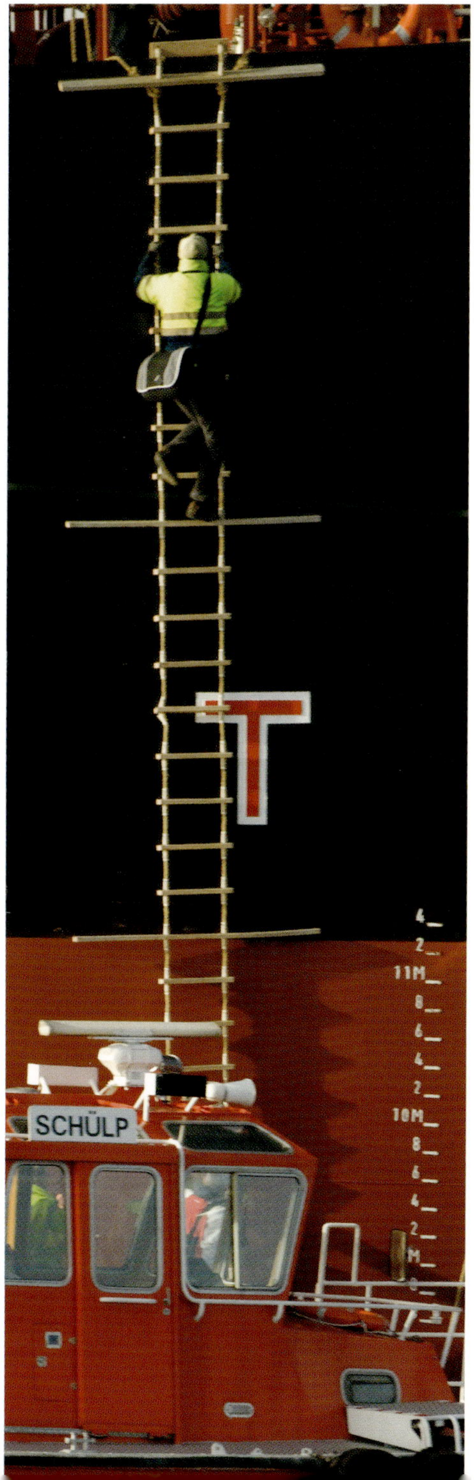
SCHÜLP

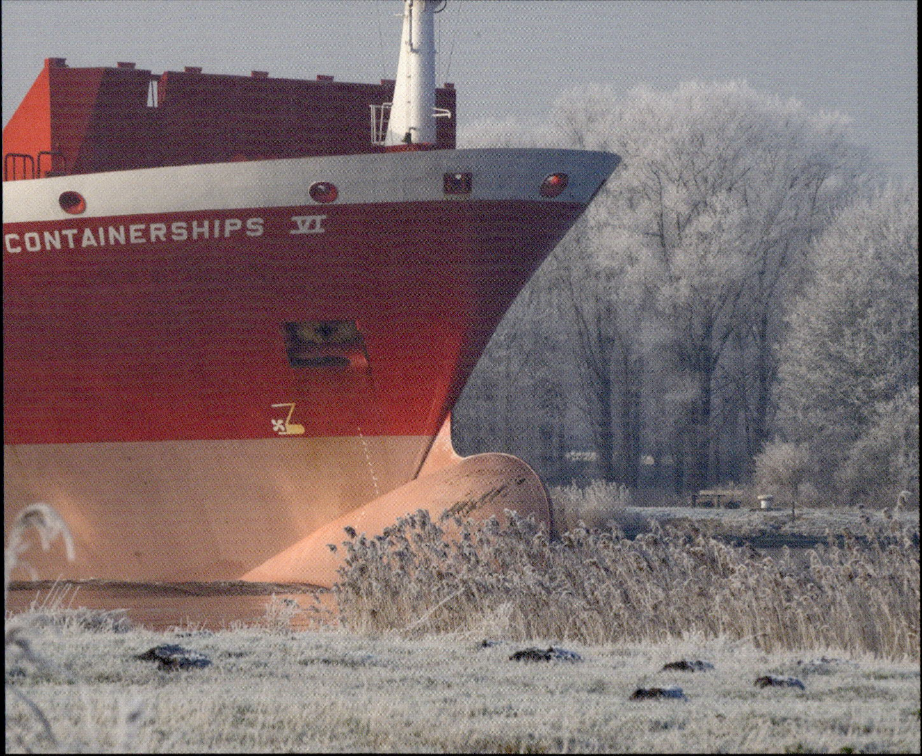
CONTAINERSHIPS VI

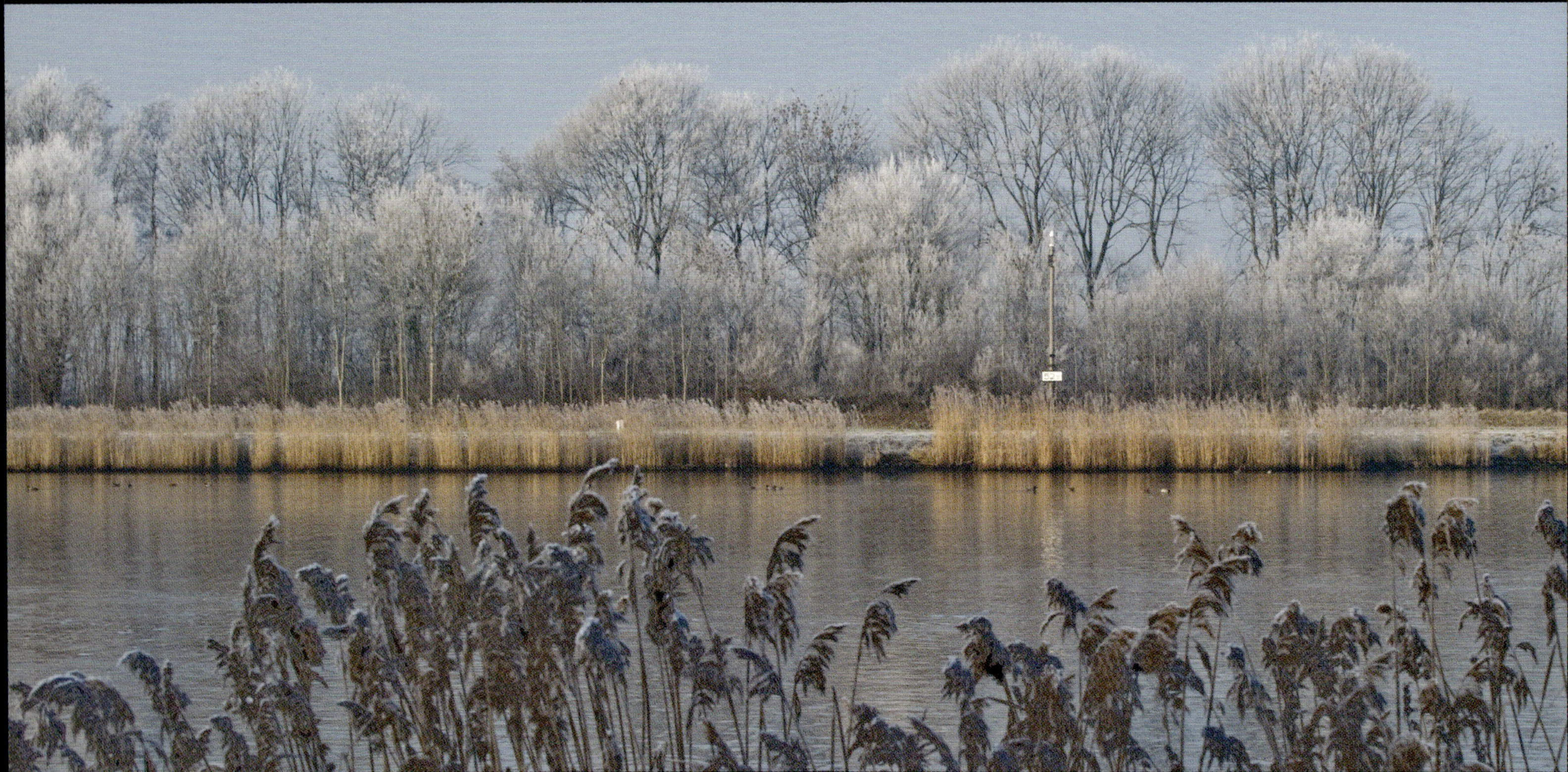

Im Winter

sind im Kanal nur Frachter unterwegs. Wenn die an diesigen Tagen hinter Nebelschleiern verschwunden sind, drehen die Schwäne mächtig auf – jetzt gehört er ihnen, der Kanal. An Land tragen Pflanzen und Tiere ihr Winterkleid: Bäume und Sträucher zeigen sich im dekorativen Rauhreif-Look, die Schafe im mollig-warmen Kuschelpelz.

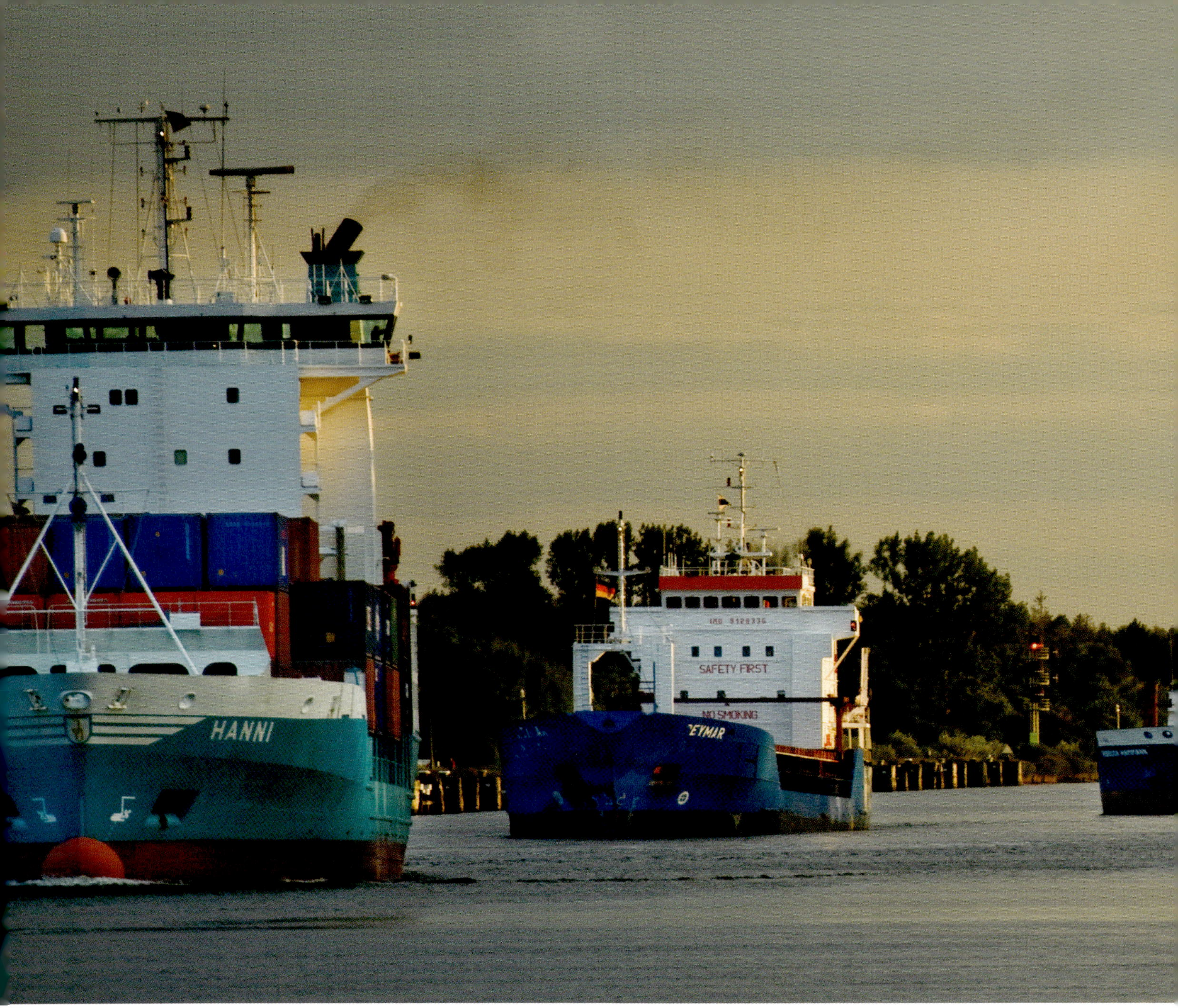
HANNI
SAFETY FIRST
NO SMOKING

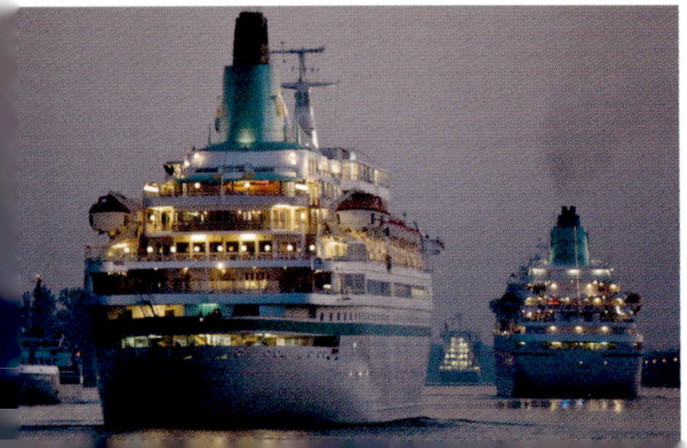

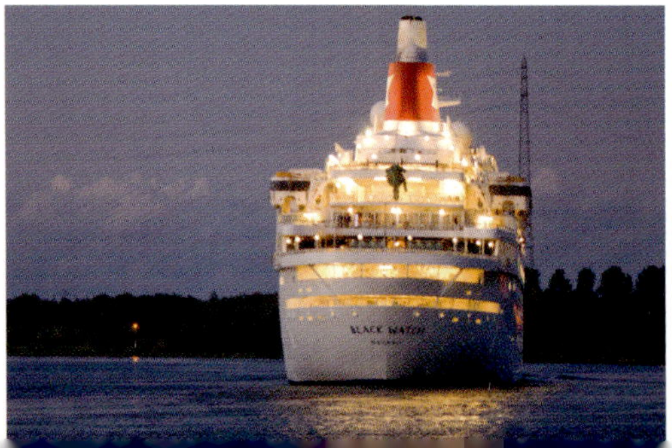

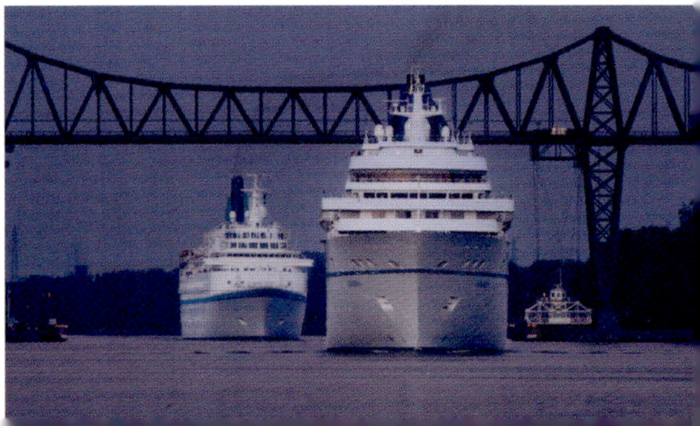

Wenn Kreuzfahrer passieren

ist die Atmosphäre am Ufer von neidvollem Fernweh erfüllt. Manch Schleswig-Holsteiner hat schwarz auf weiß die Passagetermine zu Hause, um sie nicht zu verpassen – seine schwimmenden Träume.

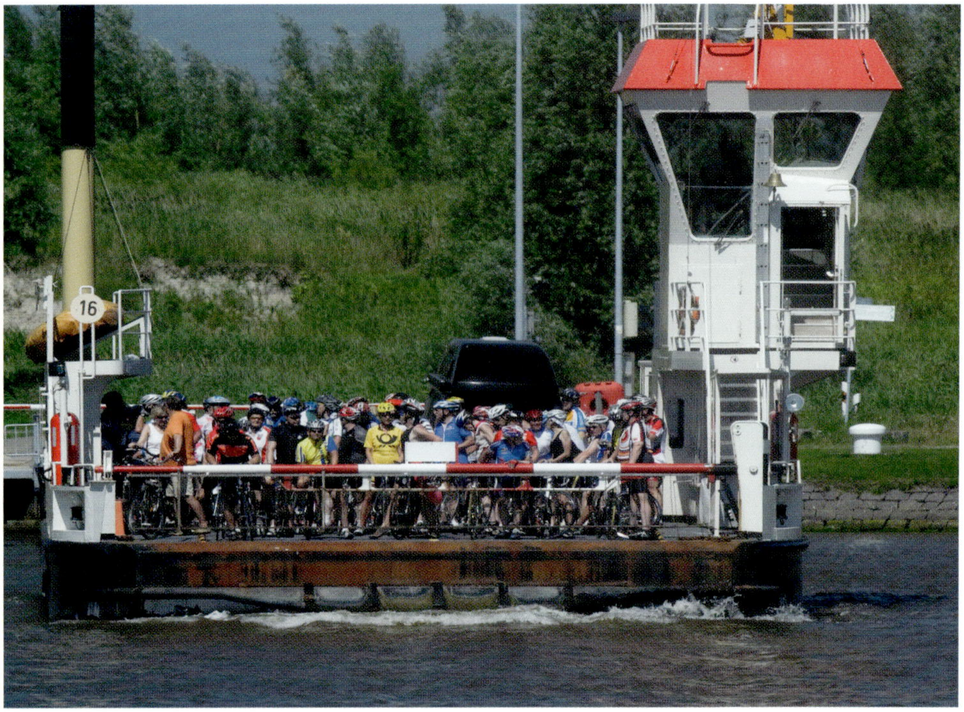
16

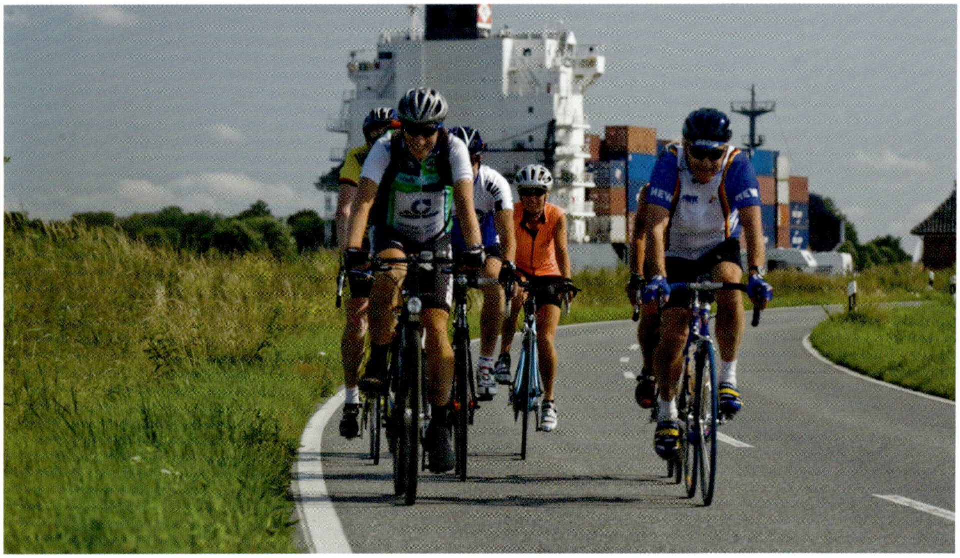

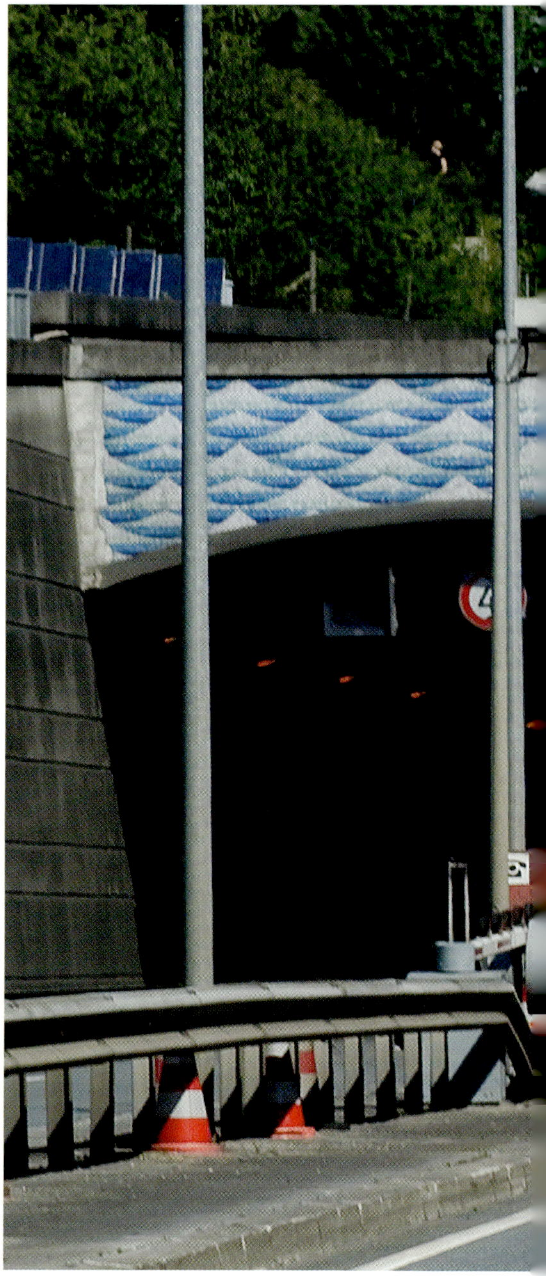

Ein Autotunnel voller Radfahrer

Wenn die Radfahrer zu ihrem jährlichen Bundestreffen kommen und von Nortorf aus über Land radeln, werden die Verkehrsregeln auf den Kopf gestellt. Sowohl unter als auch auf dem Kanal haben sie dann absoluten Vorrang: sowohl bei der rasanten Fahrt durch den Rendsburger Autotunnel als auch auf den Fähren. Der Fährmann von Breiholz übrigens war so begeistert, dass er mit seinen Passagieren eine Ehrenrunde auf dem Kanal drehte.

LOTTERY FUNDED
uk sport
SIEMENS
NDR
NDR
HUDSON
EVONIK
EVONIK

Das härteste Ruderrennen der Welt

das ist der Canal-Cup, der seit 2001 alljährlich im Oktober ausgekämpft wird. Nur die Besten, die Zähesten der internationalen Ruderelite können bei diesem Marathon der Achter mithalten. Die Regattastrecke verläuft zwischen Breiholz und der Rendsburger Eisenbahnhochbrücke mitten im Kanalbett und ist 12,7 Kilometer lang. Die dicken Pötte haben das Nachsehen, denn der Cup genießt sogar bei den Herren des Kanals so hohes Ansehen, dass sie nahende Schiffe für die Dauer des Rennens in die Weichen von Breiholz und Schülp verbannen.
Am Rande des Marathons gibt's Wettbewerbe mit Augenzwinkern - wie ein witziges Drachenboot-Spektakel um einen Fun-Cup.

Wie der Canal Cup gefeiert wird?

Heiter, übermütig und bis in die Nacht! Drei Tage lang verwandelt sich der Rendsburger Hafen in eine bunte Meile für die ganze Familie. Mit einem Erlebnispark für die Kinder, mit Livemusik, Spiel und Party. Und am Abend vor dem Ruder-

Marathon hüllt sich die Kanalwelt in ein festlich glitzerndes Kleid. Grazil verfremdet scheint die angestrahlte Eisenbahnhochbrücke auf dem Wasser zu schweben. Leuchtender Höhepunkt: das prachtvolle Feuerwerk mit Synchronmusik

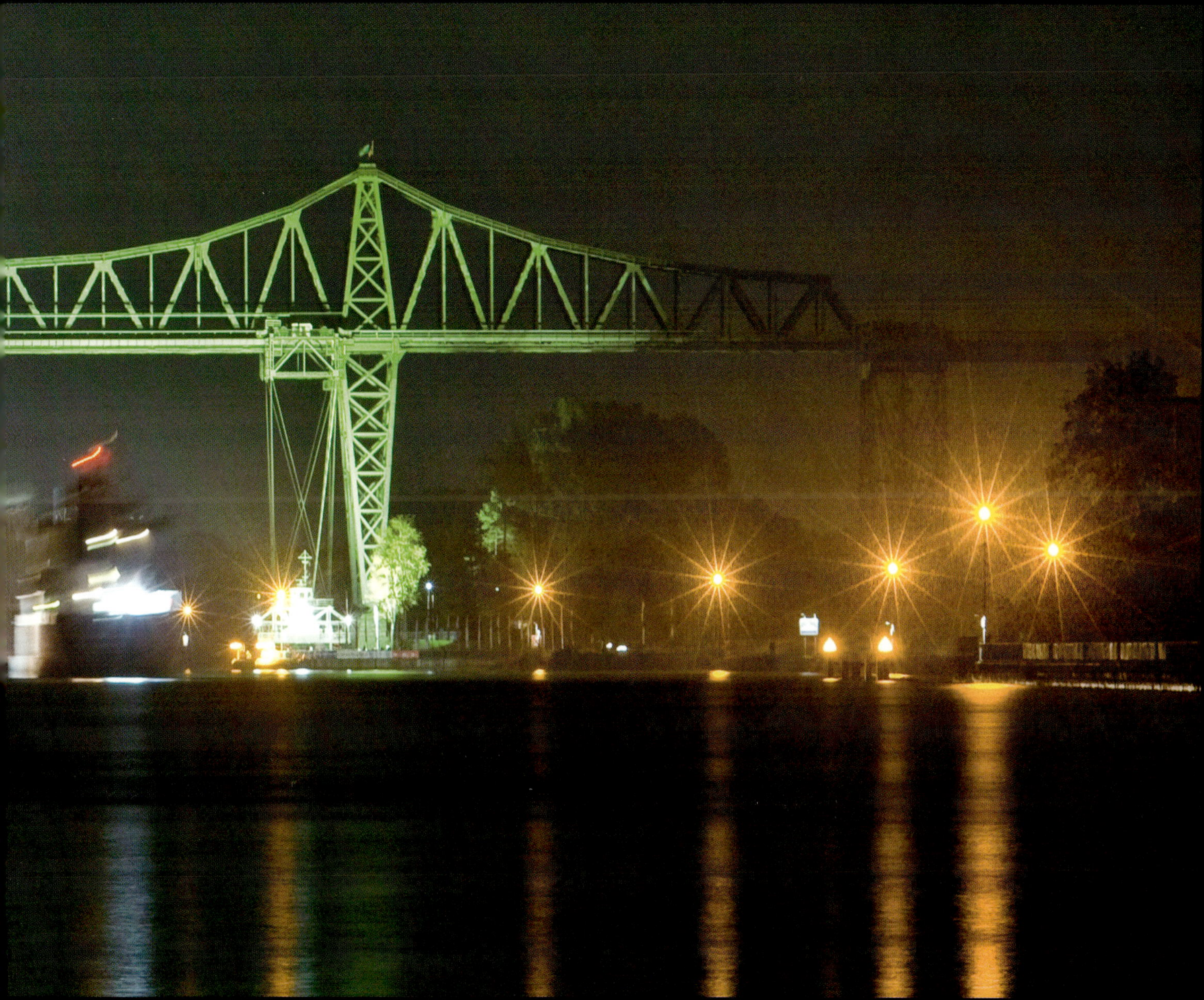
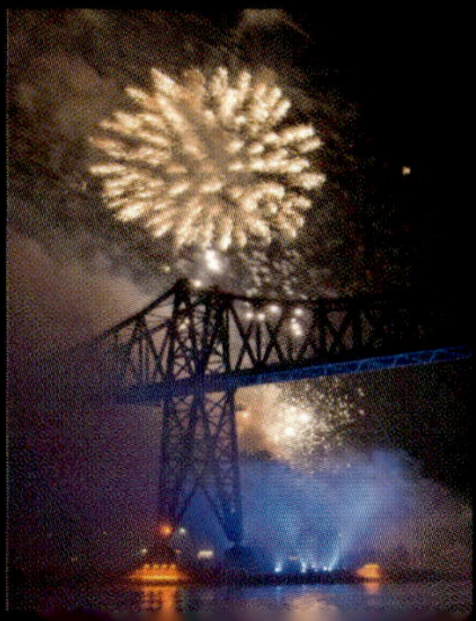
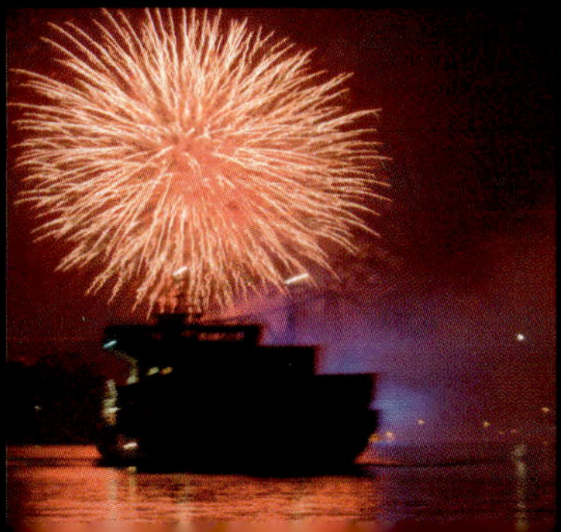
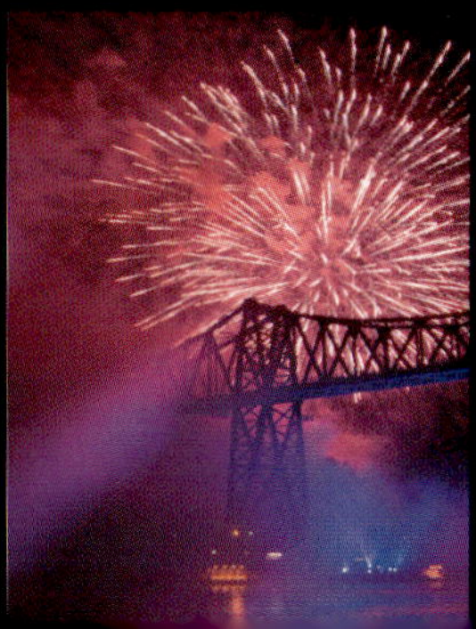

Rendsburger Ansichten – historisch und hochmodern

Reizvolle Kontraste prägen das Rendsburger Stadtbild: Seit über 300 Jahren ist der Paradeplatz Zentrum des Stadtteils Neuwerk, das Alte Rathaus (li. unten) wurde bereits 100 Jahre zuvor erbaut. Daneben präsentiert sich – 2. Foto von rechts – als strahlender „Newcomer" die lichte Brücke zwischen Bahnhof und Obereider. Erst 2008 wurde sie vollendet. Das schneeweiße Theater, das Kulturzentrum Arsenal und die Skulpturen stehen für den kulturellen Anspruch von Rendsburg und seinem Nachbarort Büdelsdorf. Dort stellen auf dem Gelände der ehemaligen Carlshütte von Juni bis September Künstler aus aller Welt ihre Werke aus.

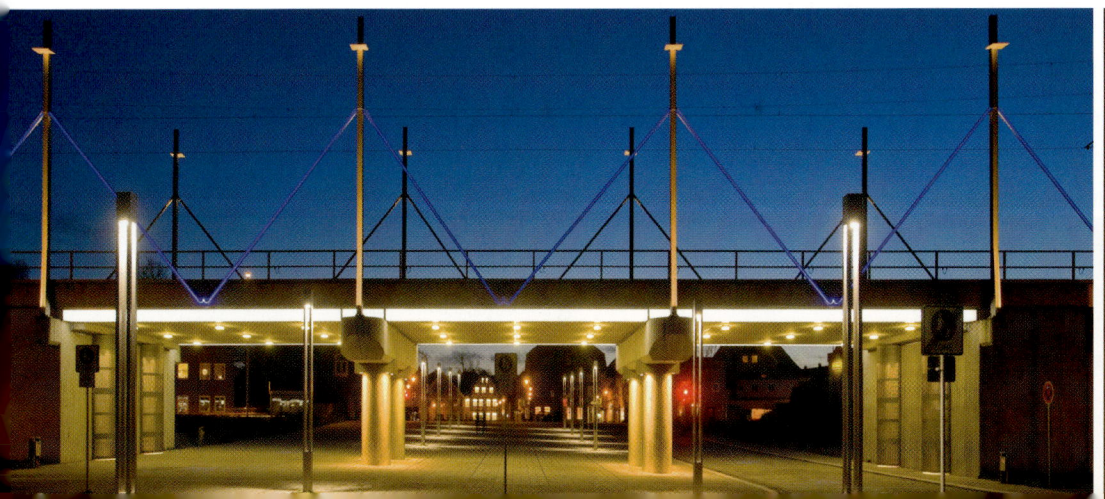

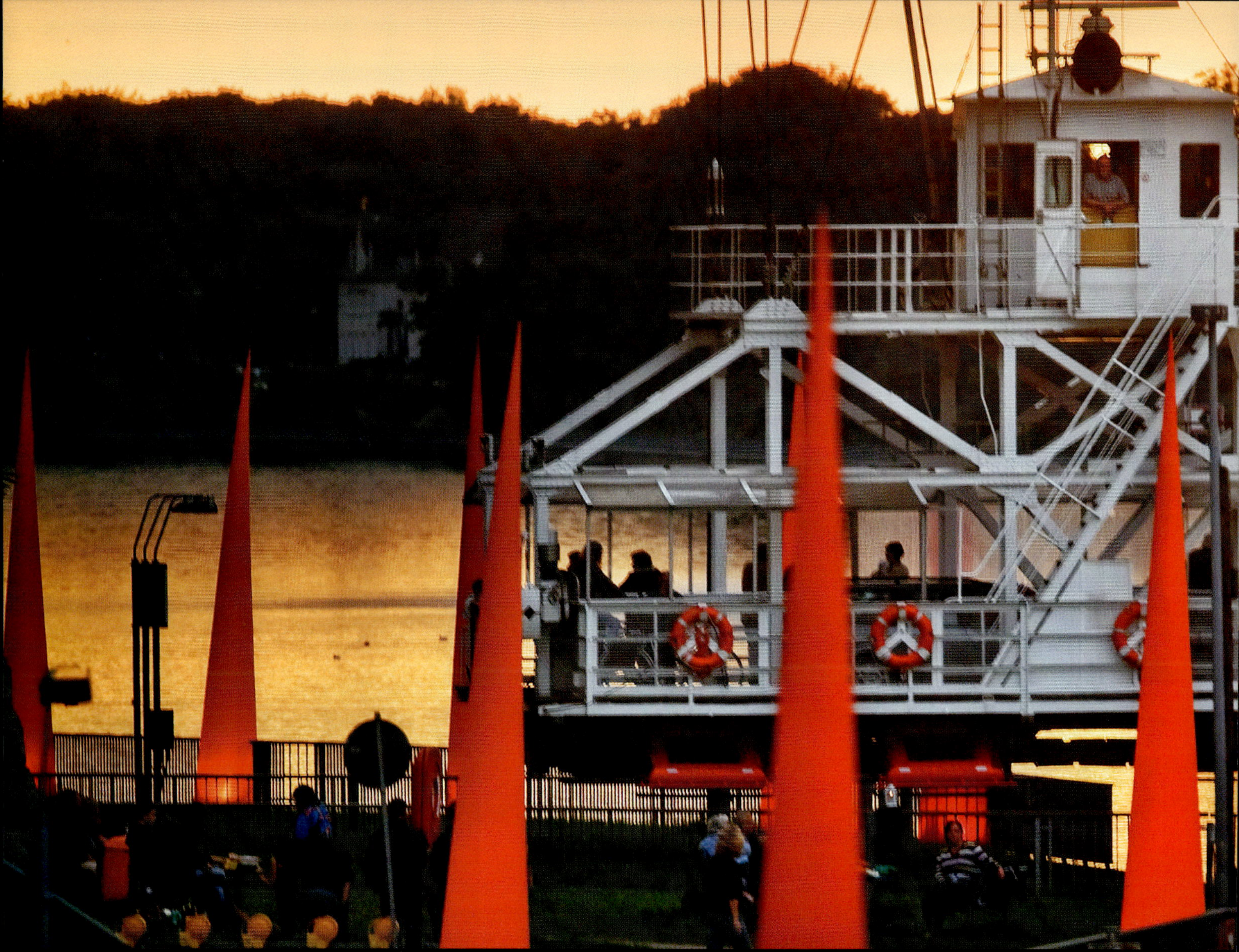

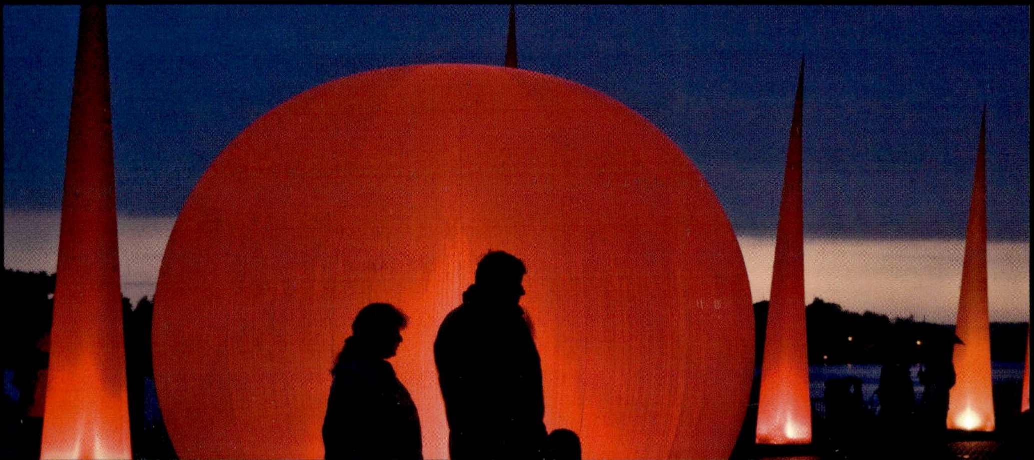

Wenn Licht, Wasser, Farbe und Technik faszinieren,

wenn der Kanal ein einziges leuchtendes Band wird, weil Fackeln und Laternen, Feuer und Lichtkegel sich im Wasser spiegeln, dann wird von Brunsbüttel bis Kiel ROMANTIKA gefeiert. Alle Kanalgemeinden sind bei diesem großen September-Lichterfest dabei. Familien und Vereine, Clübchen und Grüppchen pilgern zum Kanal und feiern mit. Besonders prächtig: die ungewöhnlichen Lichtkorridore an der Rendsburger Hochbrücke. Während oben die Bahn unbeeindruckt über den kalten Stahl dröhnt, zieht die Schwebefähre in warmes Licht gebettet ihre Bahn.

Wo Landwirte noch in richtigen Dörfern zu Hause sind –

heutzutage eine Seltenheit. Rade verkörpert so eine Rarität. Seit dem 14. Jahrhundert wird hier bei Rendsburg gesiedelt, bis heute prägen ansehnliche Hofanlagen das Ortsbild. Im ältesten Haus, einer rund 250 Jahre alten Schulkate, treffen sich die Dorfbewohner zum fröhlichen Feiern – und verliebte Romantiker zum Heiraten. Das Weidevieh grast vor ständig wechselnder Kulisse: Rade liegt unmittelbar am Kanal.

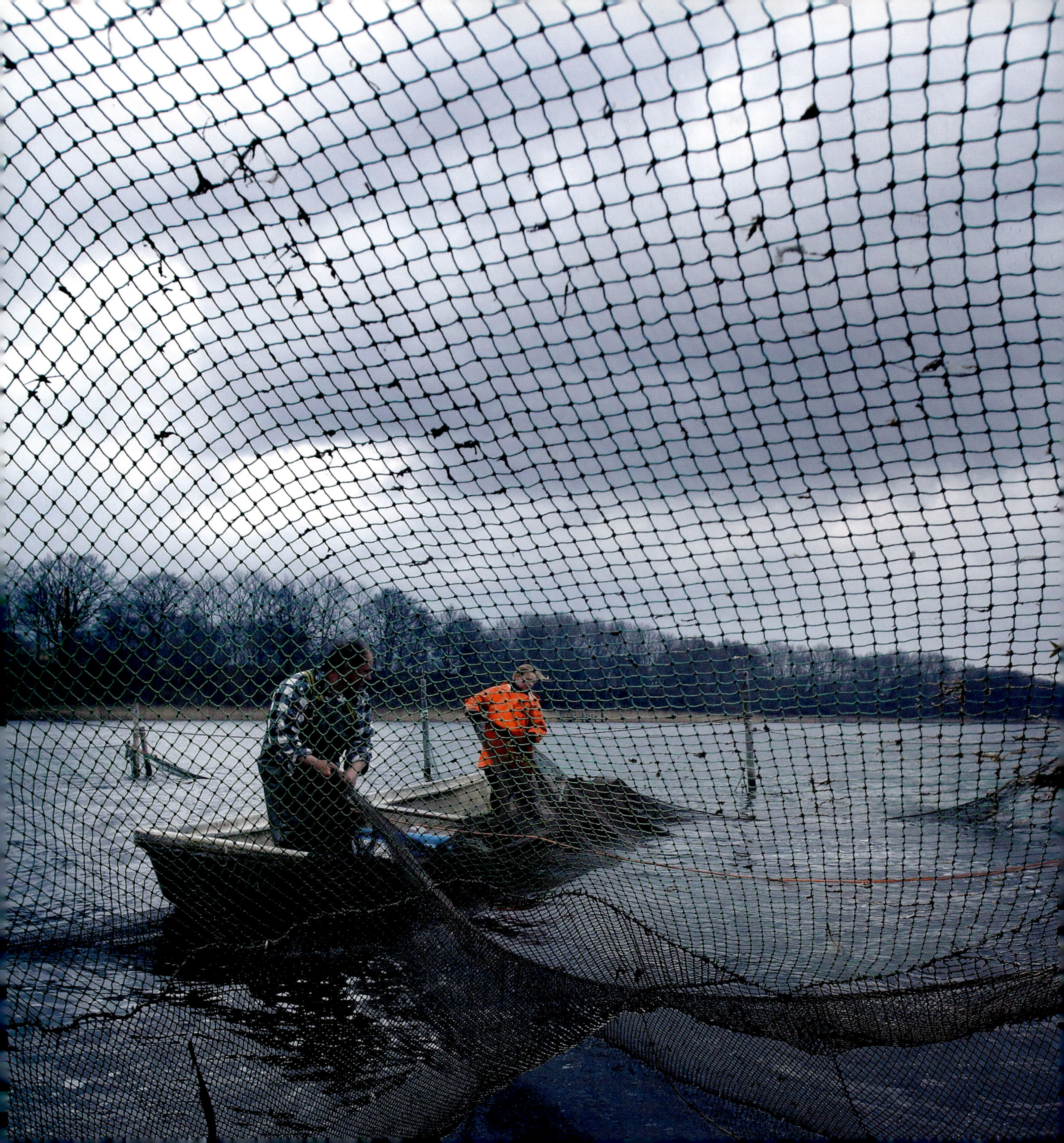

Fischer am Kanal

Ob die den großen Fang machen, das können sie selten im Voraus planen. Aber wer ihnen dabei schon oft tatkräftige Hilfe geleistet hat, das wissen sie, die Fischer von Rade. Denn die riesigen Frachter, die eleganten Kreuzfahrer schieben ihnen die Heringsschwärme geradewegs in die Netze. Wachsam beobachten tierische Kanalanwohner das Manöver. Die Ente Betsy passt auf, dass der Frachter Betsy nicht in die Böschung abdriftet, der Reiher, dass er auch etwas abbekommt vom Fang.

Auf nächtlicher Prachtstraße

promenieren festlich erleuchtete Kreuzfahrer. Von Land blicken ihnen viele Menschen sehnsuchtsvoll hinterher. Nur allzu gerne würde mancher selber Gast sein, auf der „Balmoral" oder der „Saga Rose", die hier gerade Rade passieren. Die strahlende „Saga Rose" verfremdete der Fotograf durch lange Öffnung des Kameraverschlusses unter gleichzeitiger Erweiterung des Bildwinkels zu einem funkelnden Bündel farbiger Blitze.

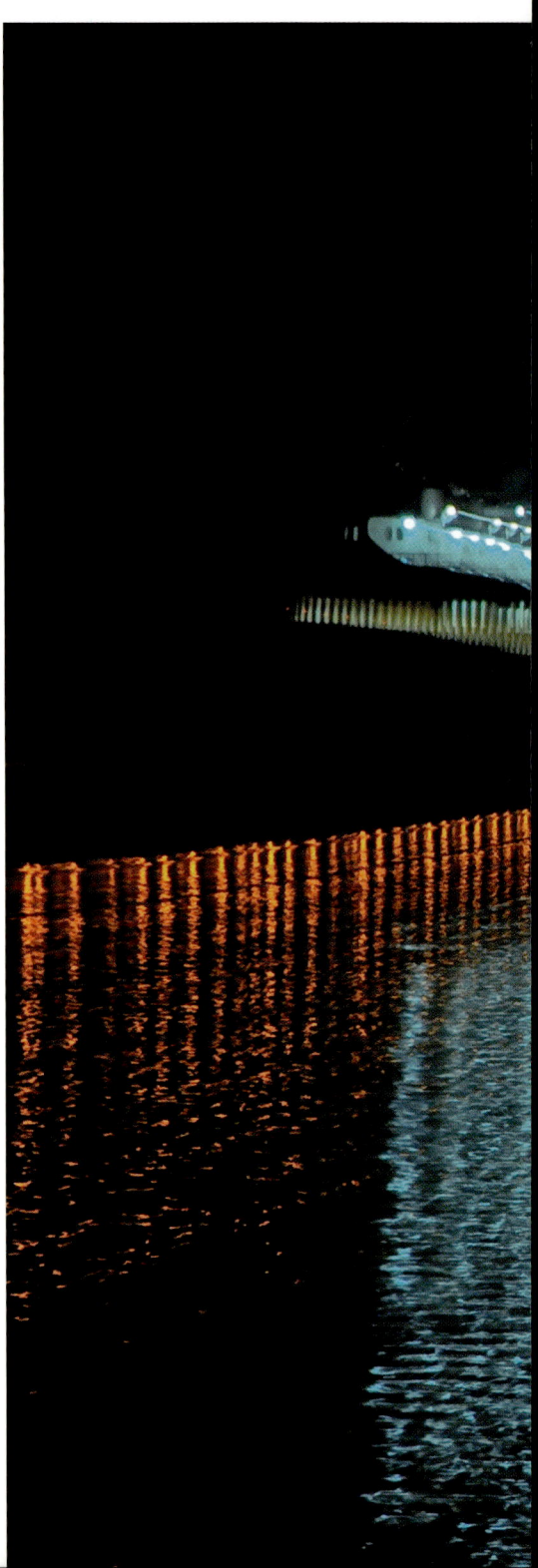

64 | 65

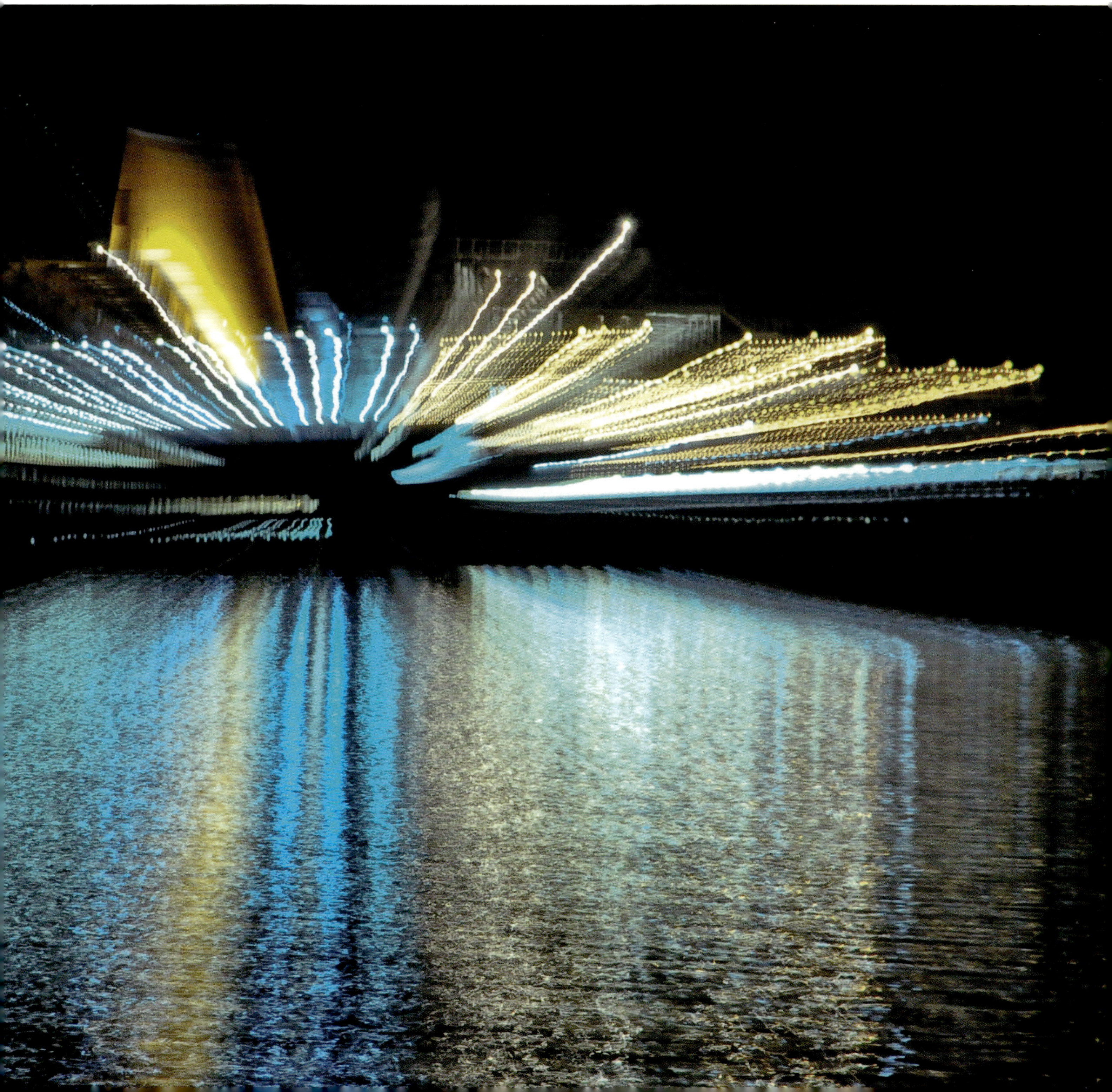

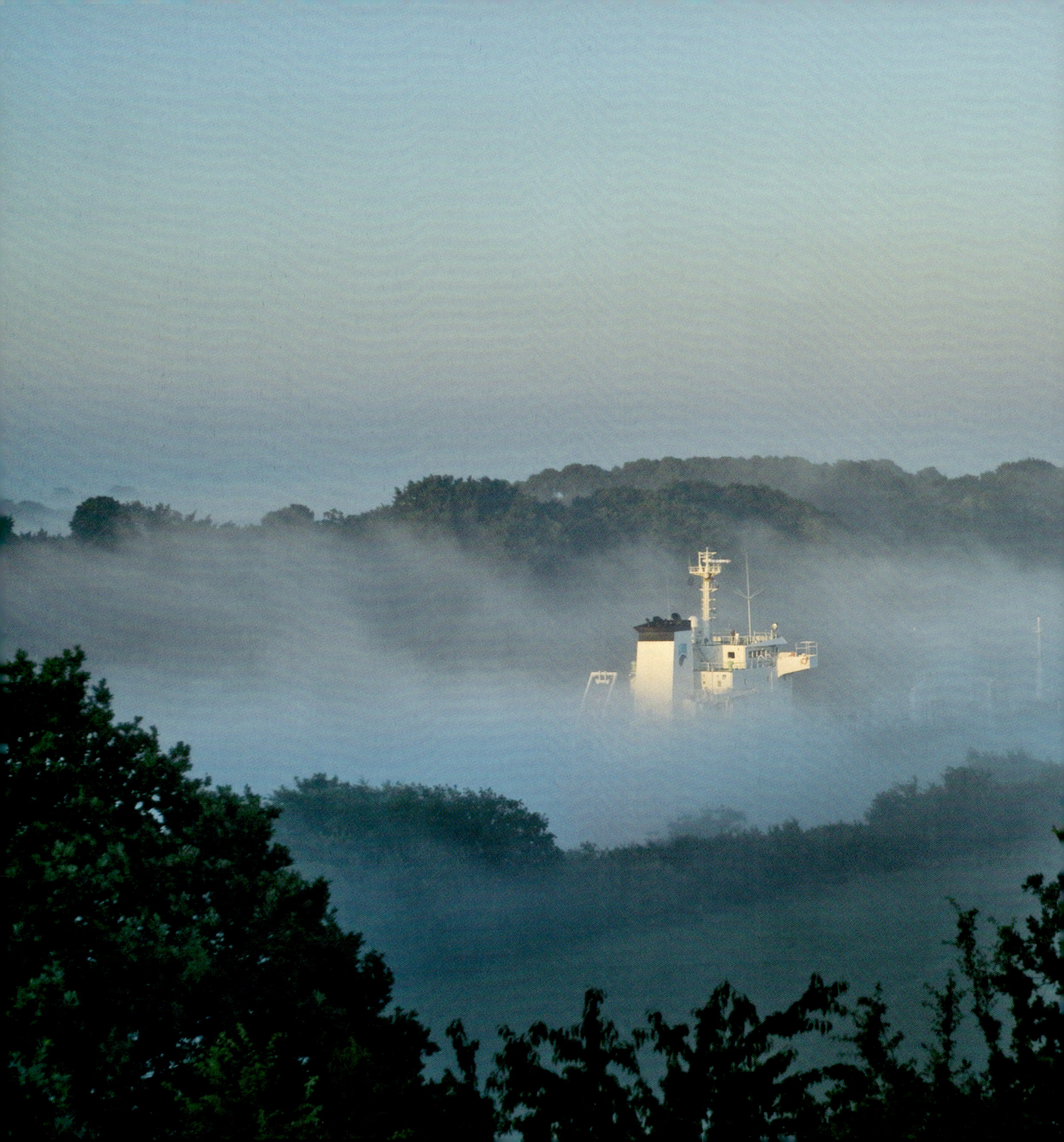

Wenn Frühnebel den Kanal verhüllt,

ist er dennoch voller Leben. Geisterschiffe gleiten vorbei, fürs Auge nur schemenhaft an ihren Aufbauten auszumachen. Zwei von ihnen begegnen sich hier bei Sehestedt. Ein großer Frachter auf dem Weg zur Ostsee trifft einen kleinen Kümo, der nach Brunsbüttel unterwegs ist. Links hinterm Schiff ist das Gut Steinwehr, beliebter Himbeerhof direkt am Kanalufer, kaum zu erahnen. Aber wenn in Kürze die Sonne aufgeht, zieht sie den Nebelvorhang beiseite und macht dem ganzen Spuk ein Ende. Bis zur nächsten Geisterstunde.

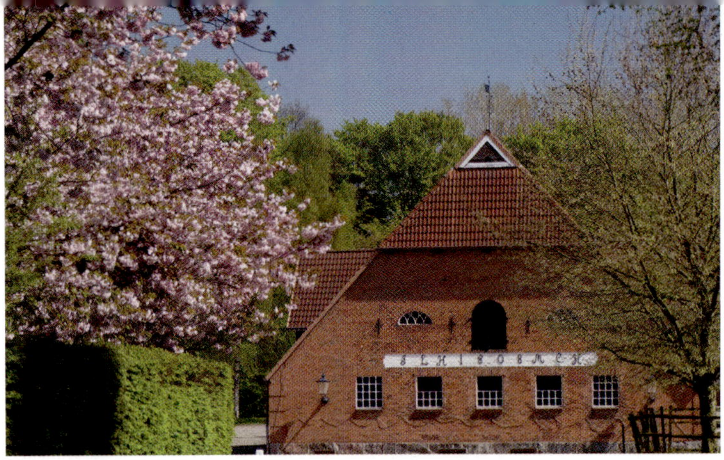

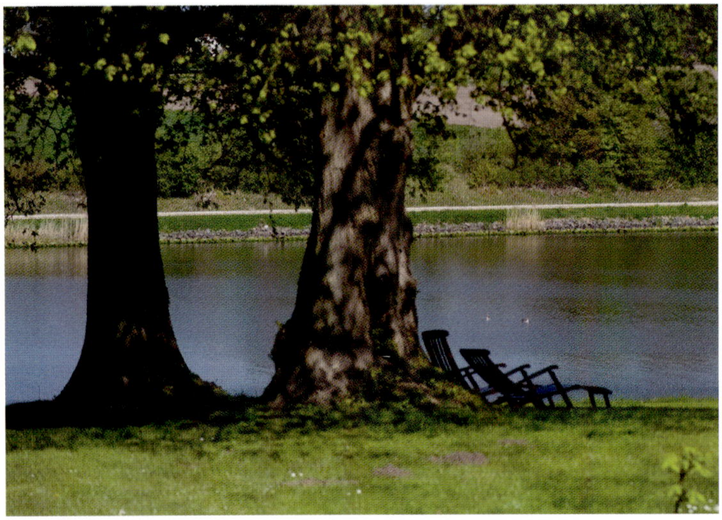

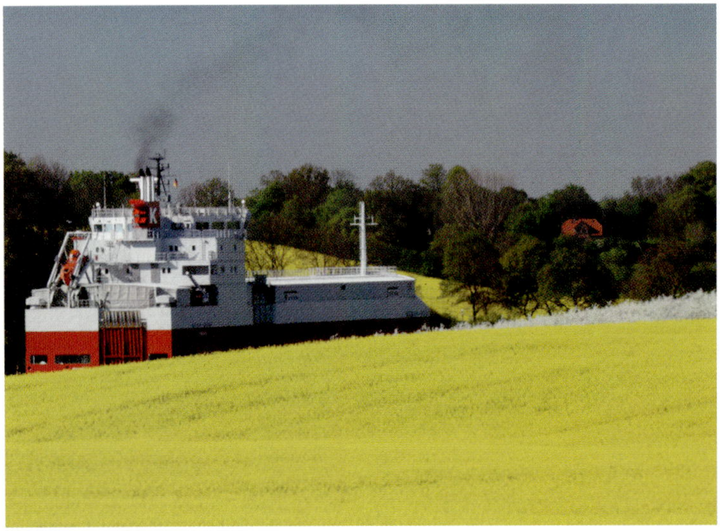

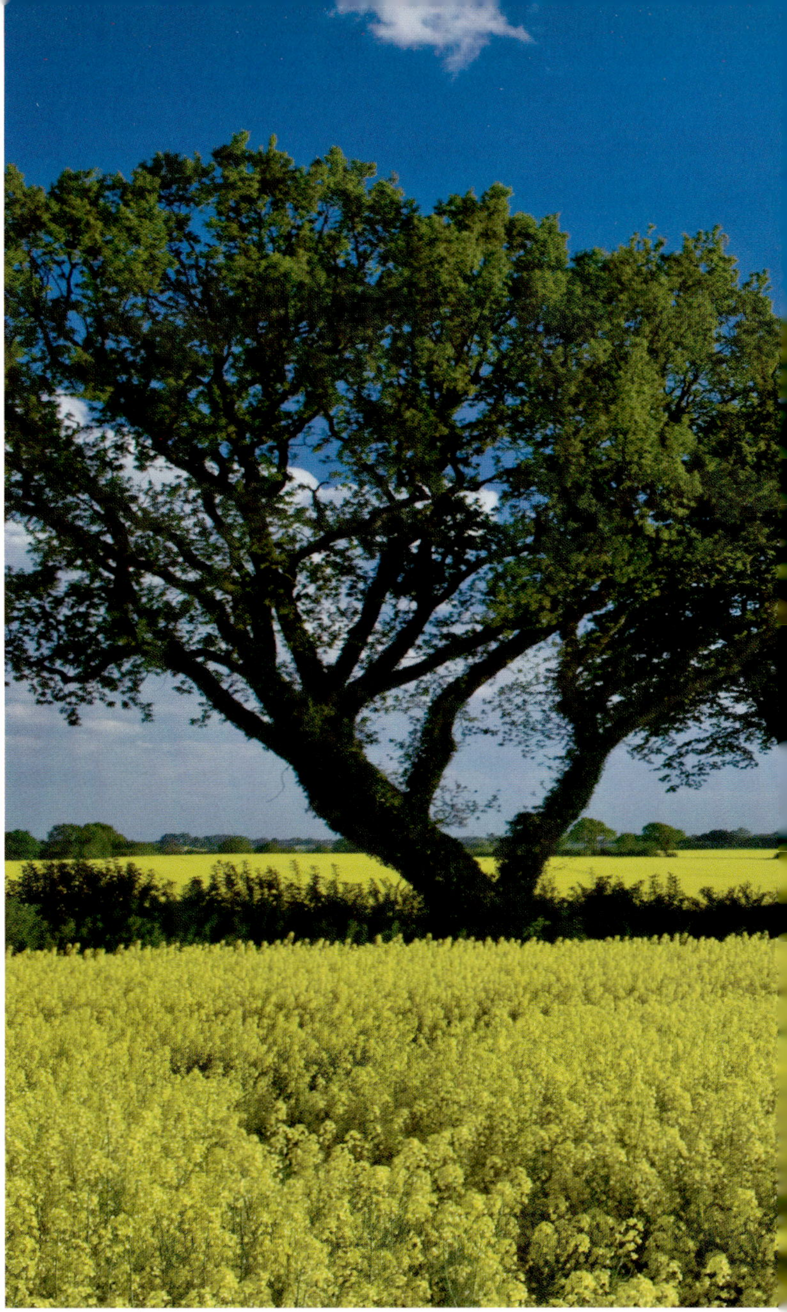

Wenn das Land Frühlingsfarben trägt,

scheinen die Schiffe auf Blütenteppichen dahin zu gleiten. Sonnengelbe Rapsfelder erstrahlen an der alten Eichenallee beim Herrenhaus Kluvensiek, mit zartrosa Dekor schmücken Zierkirschen den historischen Gutshof Steinwehr. Lange verwaist bleiben sie sicher nicht, die Liegestühle in erster Reihe an der Traumschiffbühne. Wie das duftet!

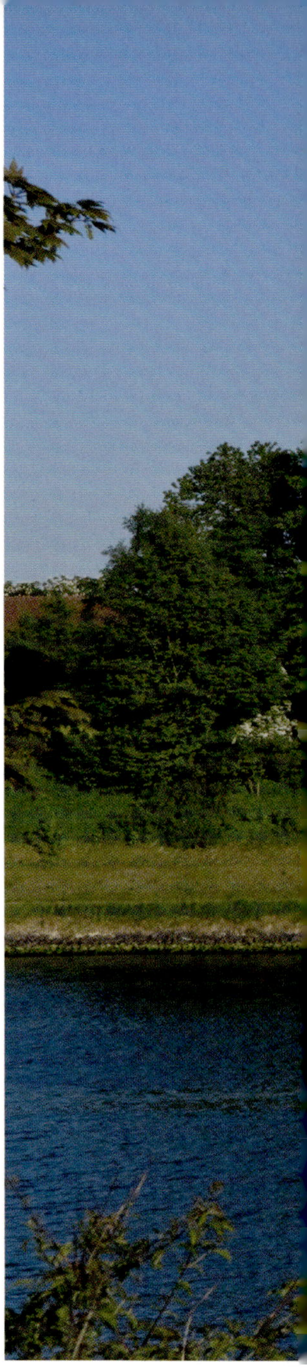

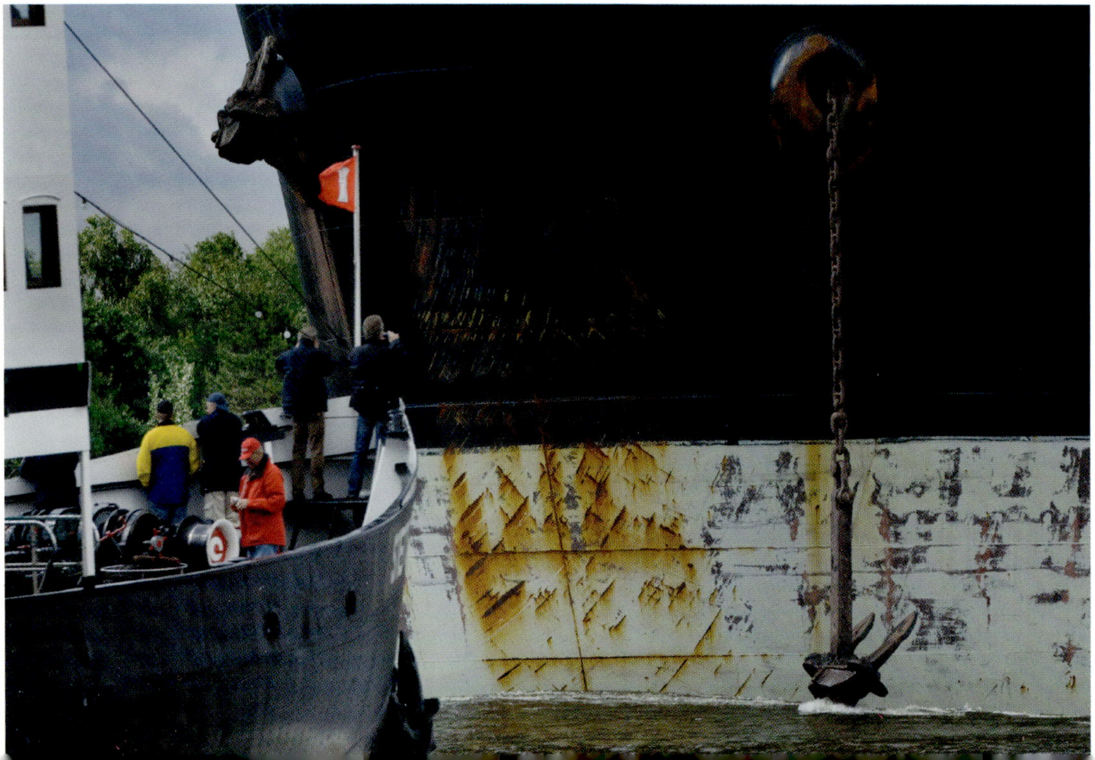

Wenn sich an kleinen Dampfern ein haushoher Frachter vorbeischiebt

sind an Deck alle Kameras in Aktion. Ausflüge auf dem Kanal sind ausgesprochen populär: Wegen solch atemberaubender Begegnungen, wegen der vorbei gleitenden Landschaft und manchmal auch wegen der „Mini-Kreuzfahrer" selbst. Hier ist es ein Museumsschiff, der Eisbrecher „Stettin". Damit der große Frachter bei Gefahr möglichst schnell abstoppen kann, ist sein Anker während der Kanalpassage sofort einsatzbereit. Der schmucke Raddampfer „Freya", hier vor dem Herrenhaus Steinwehr, ist genau so alt wie der Nord-Ostsee-Kanal.

Auf den großen Gütern am Kanal

hier östlich von Rendsburg - sind die Mähdrescher zur Erntezeit bis Mitternacht im Einsatz. Diese Region ist besonders reich an traditionellen Gütern und Herrensitzen. Durch eine Lindenallee fällt der Blick auf das schöne alte Gutshaus von Georgenthal, (unten links) strahlend weiß leuchten die Fassaden von Osterrade (rechts) und Kluvensiek (oben), einem beliebten Ort für romantische Hochzeiten. Und gleich hinter Feldern und Knicks sind sie natürlich schon wieder zu sehen: die Schiffe auf dem Kanal.

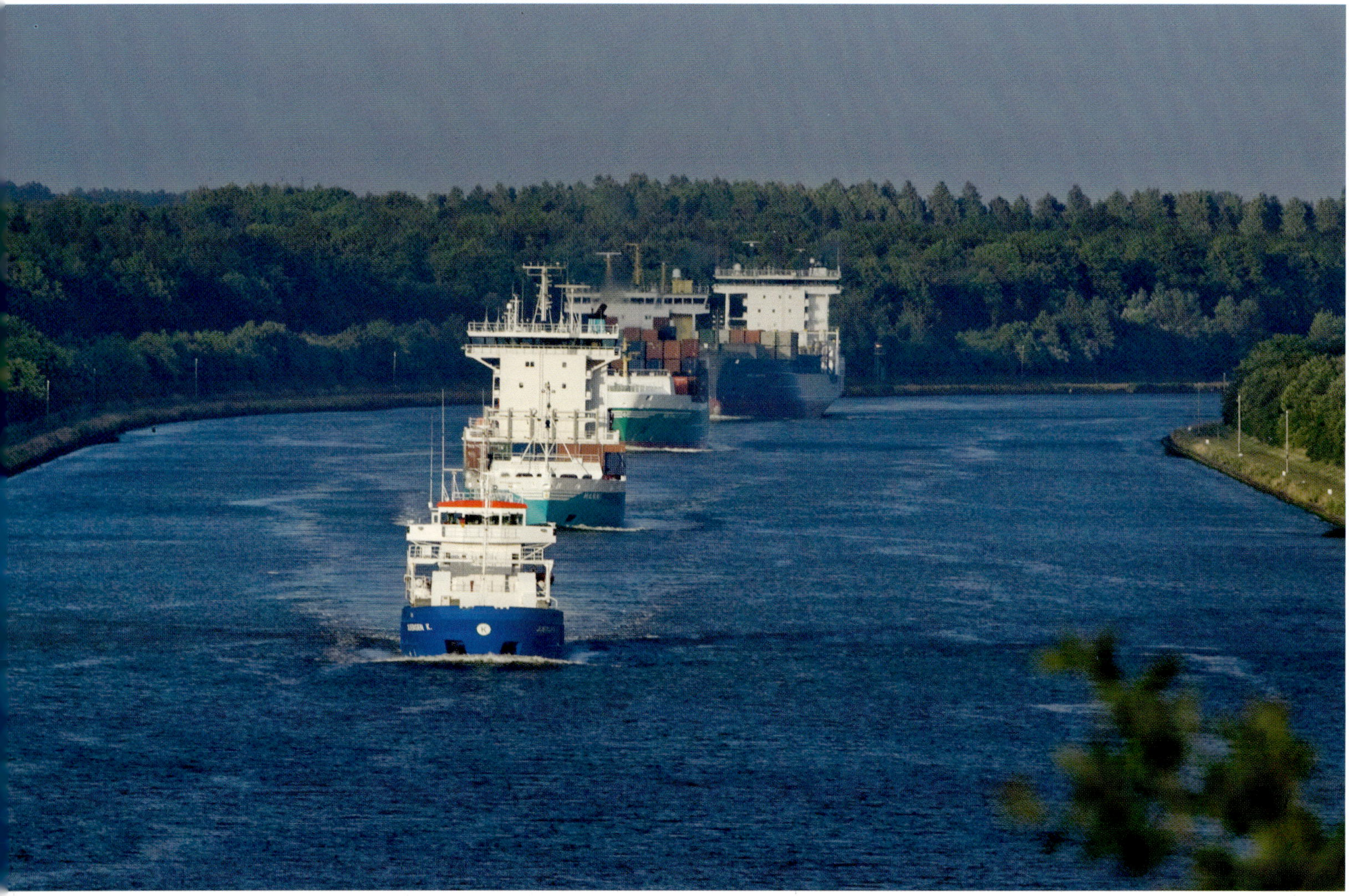

Schiffe, die Sehestedt durchqueren,

gleiten über alte Bauernhäuser hinweg. Sehestedt wurde beim Bau des Kanals nicht nur zerschnitten, ein Teil des Dorfes liegt unter dem Kanalbett begraben. Die beiden „überlebenden" Ortsteile sind durch eine Fähre miteinander verbunden. Dennoch ist Sehestedt ein so besonders schöner Ort! Die Kirche mit dem Pastorat, das Gut mit Herrenhaus, Wirtschaftsgebäuden und Fachwerkkate gelten als Denkmalensembles ersten Ranges.

Alle Container im Blick

Der Blick von der Brücke hoch überm Wasserspiegel eröffnet dem Betrachter ungewohnte Perspektiven, hier auf dem Containerfrachter „Ruth" bei Landwehr. Das farbige Streifenmuster der Ladung scheint sich nicht nur in den Streben der Brücke fortzusetzen. Sogar der Lotse trägt Containerfarben – quer. Am Ufer wartet die kleine Fähre auf freie Fahrt.

76 | 77

Am Alten Eiderkanal

ist immer auch die Geschichte des Kanals präsent. Nutzt der Nord-Ostsee-Kanal zwischen Kiel und Rendsburg doch auf weiten Strecken das Bett seines 200 Jahre älteren Vorgängers. Wenige Bauwerke aus der „aktiven Zeit" des Alten Eiderkanals sind bis heute erhalten: Das eindrucksvolle Packhaus am Kanalausgang in Kiel-Holtenau, die gusseisernen Brückenportale in Kluvensiek, die Schleuse mit Klappbrücke in Klein-Königsförde.

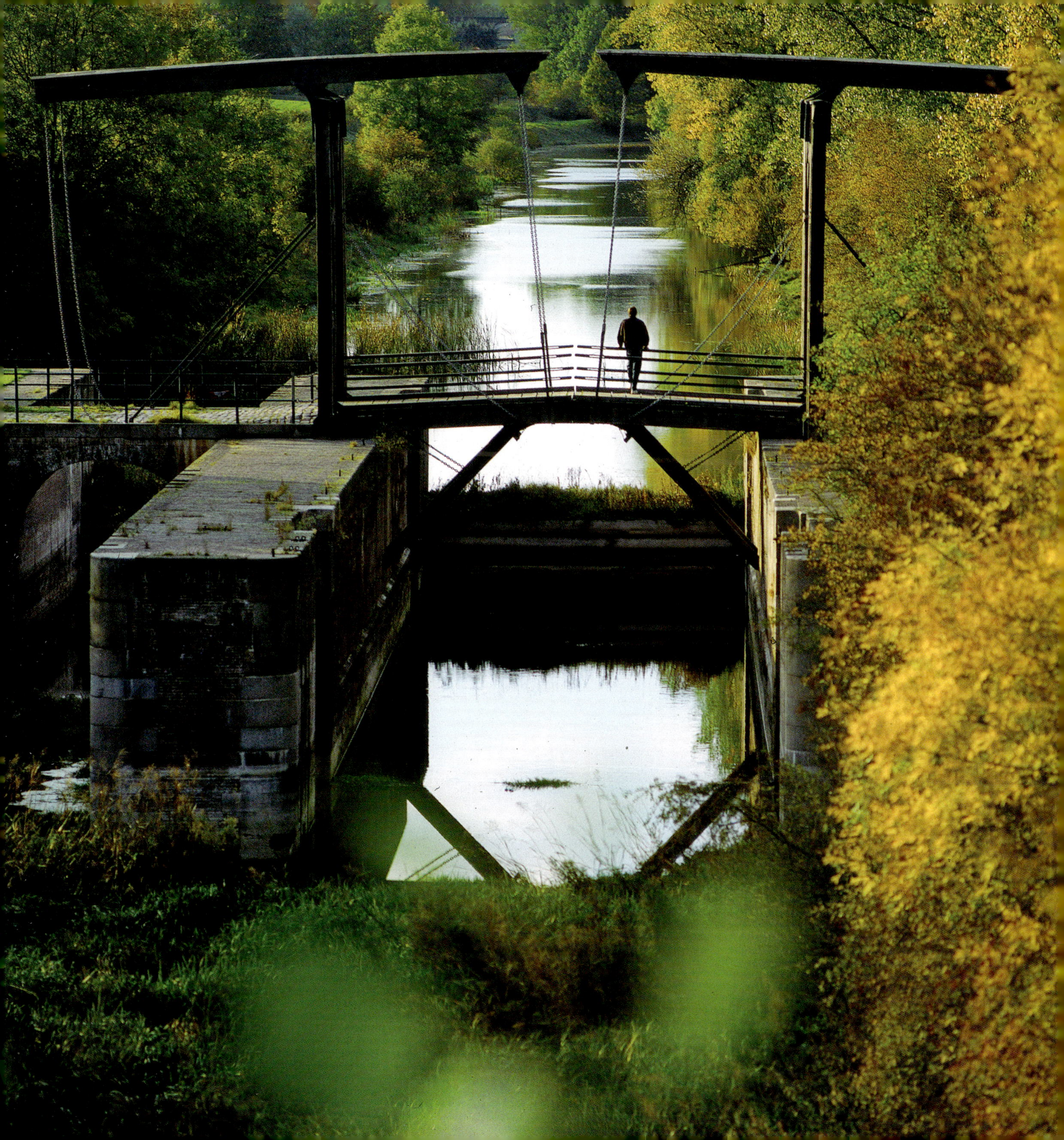

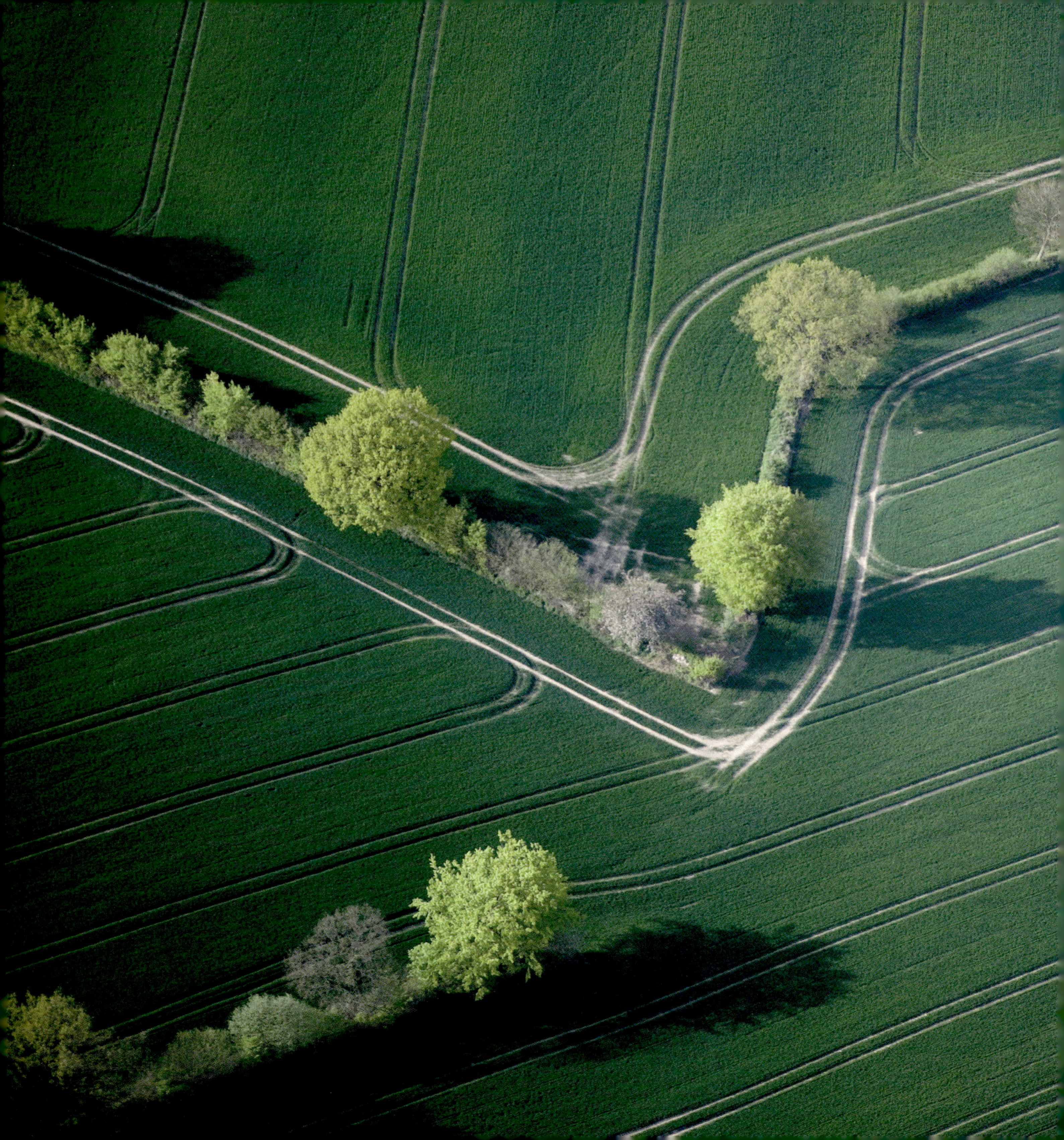

Das Land – ein Kunstwerk

Der Blick von oben macht es sichtbar. Im Frühjahr begrenzen zart grünende Knicks, typisch für Schleswig-Holstein, akkurat bestellte Felder. Welch eine Vielfalt an graphischen Formen! Sogar die Dalben rechts und links des Kanalbettes erscheinen aus dieser Perspektive wie sorgsam gesetzte Verzierungen.
Die Luftbilder entstanden bei Sehestedt, Steinwehr und Schinkel.

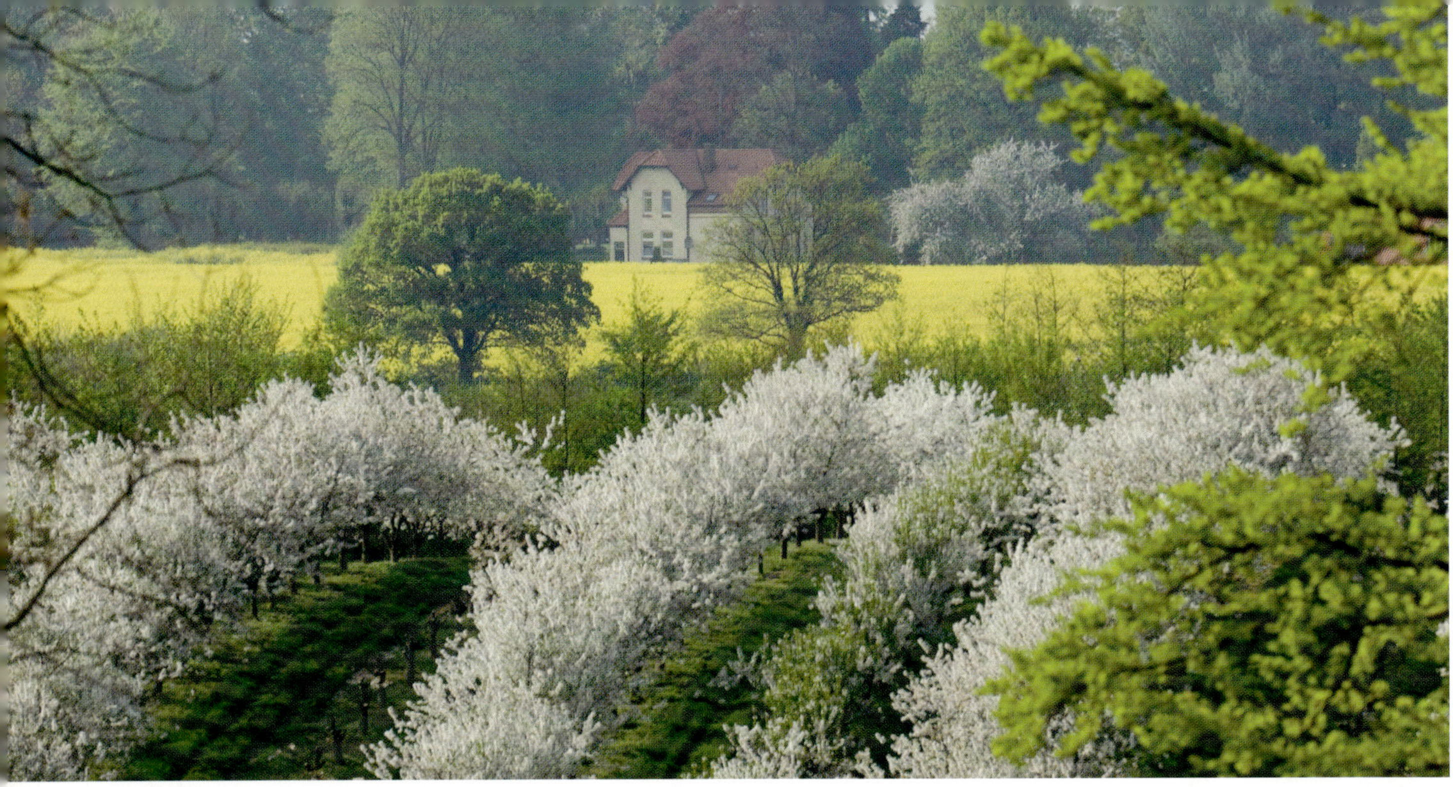

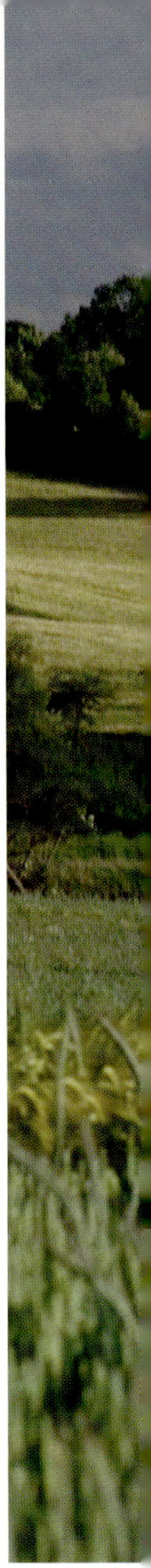

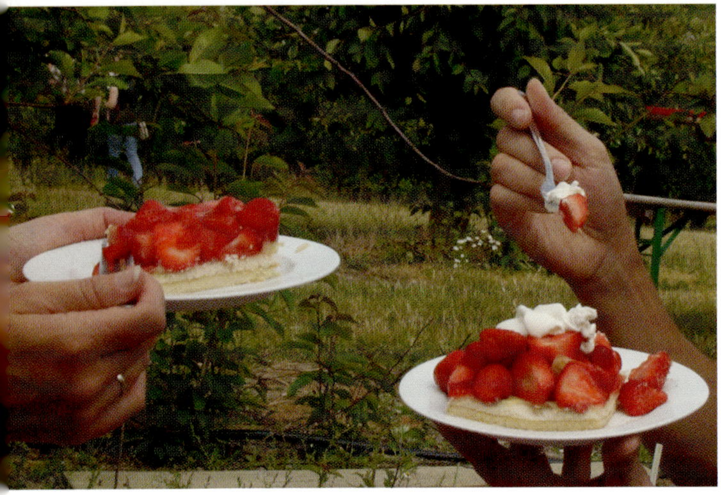

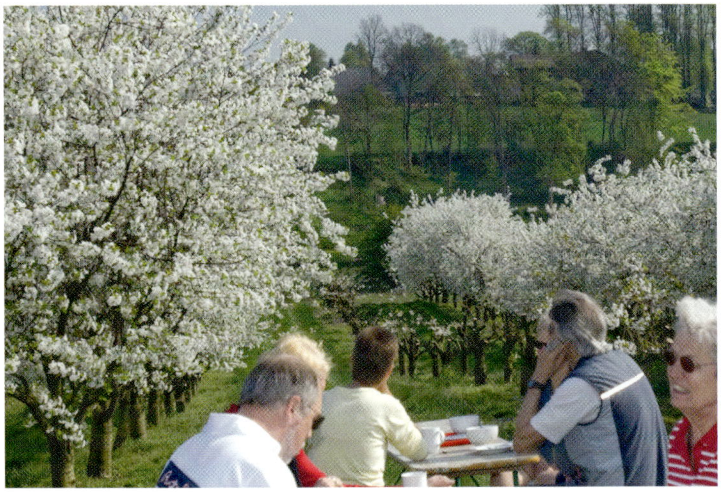

Schauen, Staunen, Genießen

Gut Warleberg, westlich von Kiel direkt am Kanal gelegen, ist von Frühjahr bis Herbst ein beliebtes Ausflugsziel. Auf den höchsten Flächen seines Besitzes hat der Gutsherr Obstgärten angelegt. Die stehen im Frühling in üppiger Blüte. Und dann beginnt auch schon im Gutscafé unter hohem Himmel die unendliche Schlemmerei mit „Unterhaltungsprogramm": fast zum Greifen nah ziehen die Schiffe auf dem Kanal an den Gästen vorbei.

Wo Schiffe auf Tuchfühlung gehen –

das ist auf den schmalsten und kurvenreichsten Kanalkilometern westlich von Kiel an der Fährstelle Landwehr zu sehen. Es ist der einzige Abschnitt, der seit der Eröffnung des Kanals im Jahre 1895 bislang weder begradigt noch verbreitert wurde.

Dabei wurden die Schiffe immer riesiger, die Verkehrsdichte immer größer. Beim geplanten Ausbau des Kanals hat dieser Bereich höchste Priorität.

Die Eider

gewinnt auf ihrem Weg zum Kanal zusehends an Stattlichkeit und Temperament. Bei Molfsee (kleines Foto) fast noch ein Bach, hat sie auf ihrem Weg durch den Westensee bis zum Flemhuder See (darunter) unübersehbar an Breite und Kraft zugelegt. Augenblicke später ist sie schon mit dem Kreuzfahrer im Kanal westwärts unterwegs.

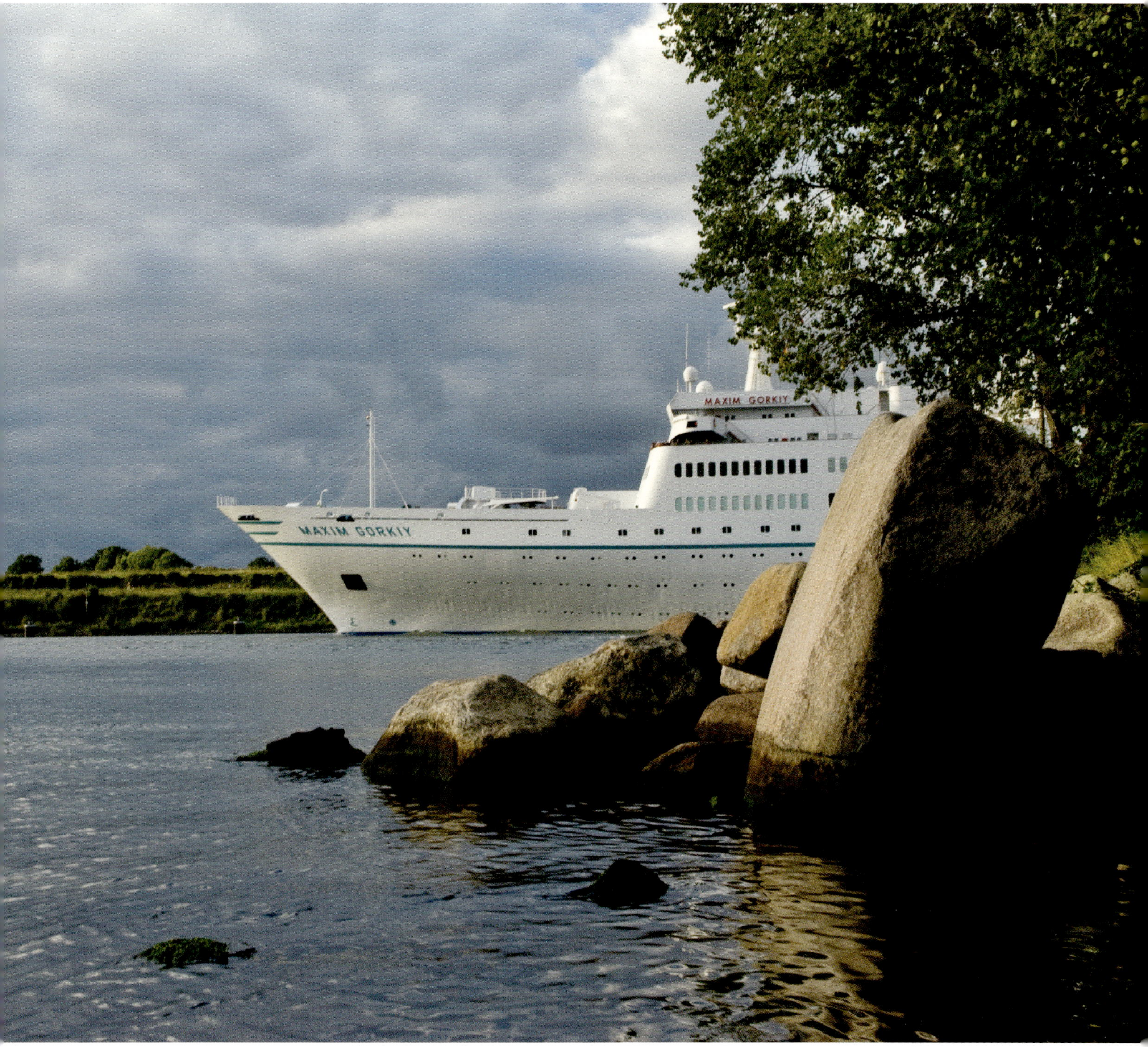
MAXIM GORKIY
MAXIM GORKIY

Weite Bogen spannen sich, am Himmel wie auf Erden:

der zarte Regenbogen über dem hier so kurvenreichen Kanal zwischen Landwehr und Kiel und die Levensauer Hochbrücke. Ist es nicht faszinierend, wie sich die Bogen gleichen? Fast scheint es, als hätte der Erbauer der Brücke beim himmlischen Bogenbauer „abgekupfert". Die Levensauer Hochbrücke ist die letzte noch erhaltene Brücke aus der Zeit des Kanalbaus 1893/94. Elegant wölbt sich ihr Fachwerkbogen seither in 42 Metern lichter Höhe über der Wasserstraße – und wird doch bald vergangen sein. Schon bald soll hier mit dem Ausbau des Kanals begonnen werden, und da die Brücke seine schmalste Stelle überspannt, ist ihr Abriss längst beschlossen. Der Doppelhüllentanker SEAHAKE übrigens ist fast an seinem Geburtsort angekommen: Er wurde auf einer Kieler Werft erbaut.

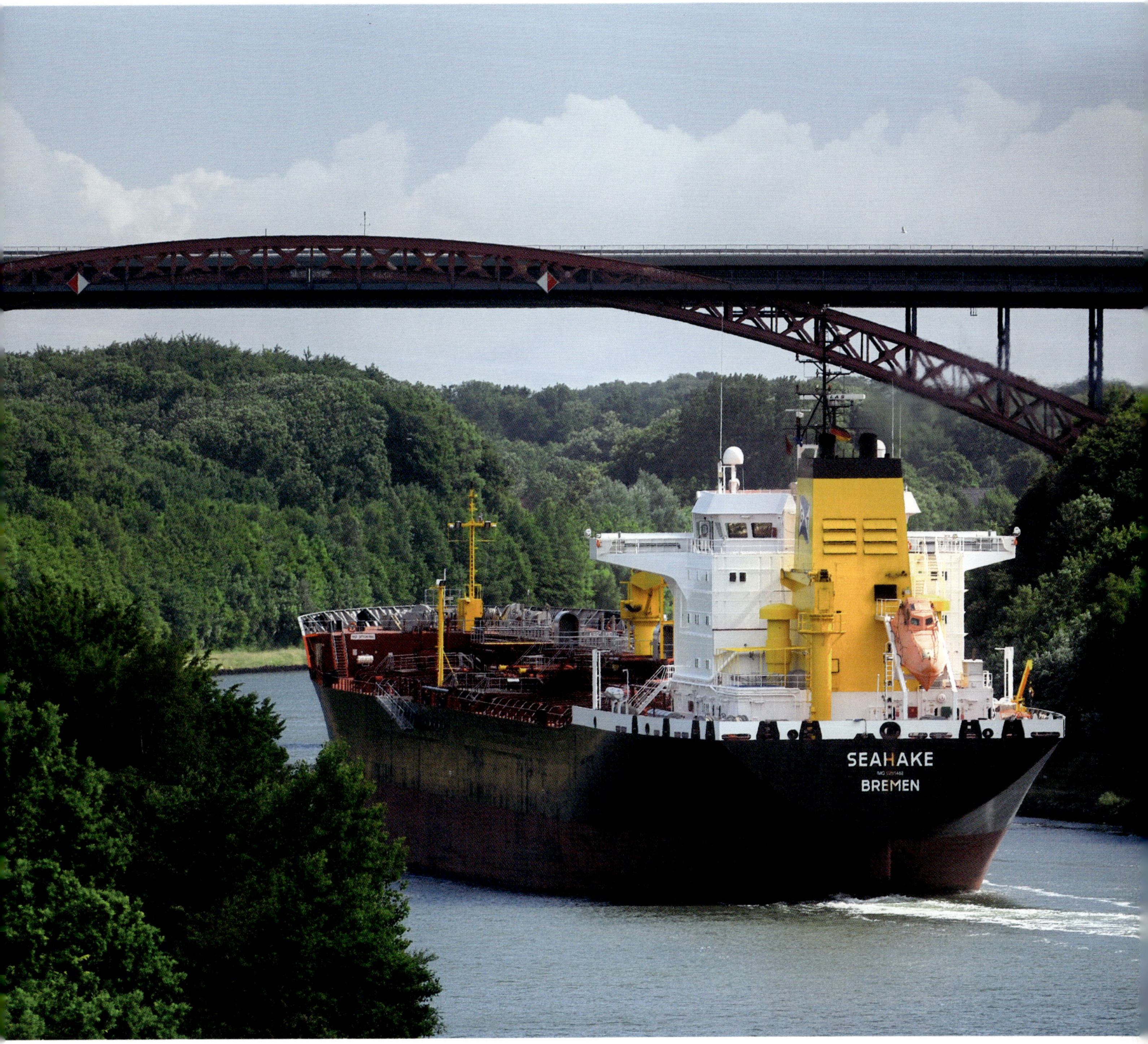
SEAHAKE
BREMEN

Herrlich leben am Kanal

lässt sichs für die Bewohner der Güter Knoop und Projensdorf im Norden Kiels!
Wie auf einer Bühne gleiten Traumschiffe vor ihren Augen durchs Land: die denkmalgeschützten Herrenhäuser stehen unmittelbar am Kanalufer, heute. Erbaut wurden sie natürlich lange vor dem Nord-Ostsee-Kanal. Knoop ist bereits im 14. Jahrhundert als Adelssitz erwähnt und wurde um 1800 von dem Dänen Axel Bundsen im klassizistischen Stil neu errichtet.

Projensdorf entstand im 19. Jahrhundert. In beiden Herrenhäusern – sie sind im Privatbesitz und privat bewohnt – werden Repräsentationsräume heute für stilvolle kulturelle Veranstaltungen und exquisite private Feiern genutzt. Zum Beispiel zum Heiraten. Besonders beliebt: der schmucke Gartentempel auf Gut Knoop. Als der Pavillon 1912 erbaut wurde, gab es ihn natürlich schon, den Kanal.

Geschoben, gezogen oder aus eigener Kraft:

in der Schleuse sind Akkuratesse und Schwerarbeit angesagt. Sorgsam bugsiert der kleine Schlepper den 5 Sterne-Kreuzfahrer „Azamara Journey" ins Schleusenbecken von Kiel-Holtenau. Die beiden Festmacher ziehen die nicht weniger luxuriöse „Europa" an dicker Trosse die letzten Meter zum Liegeplatz. Auch der Mann mit dem Koffer zieht - und wird offenbar angezogen: von seinem Frachter, der gleich in die Schleuse einläuft. Die kleine ADLER-Fähre bringt Fußgänger und Radfahrer von Ufer zu Ufer- kostenlos natürlich.

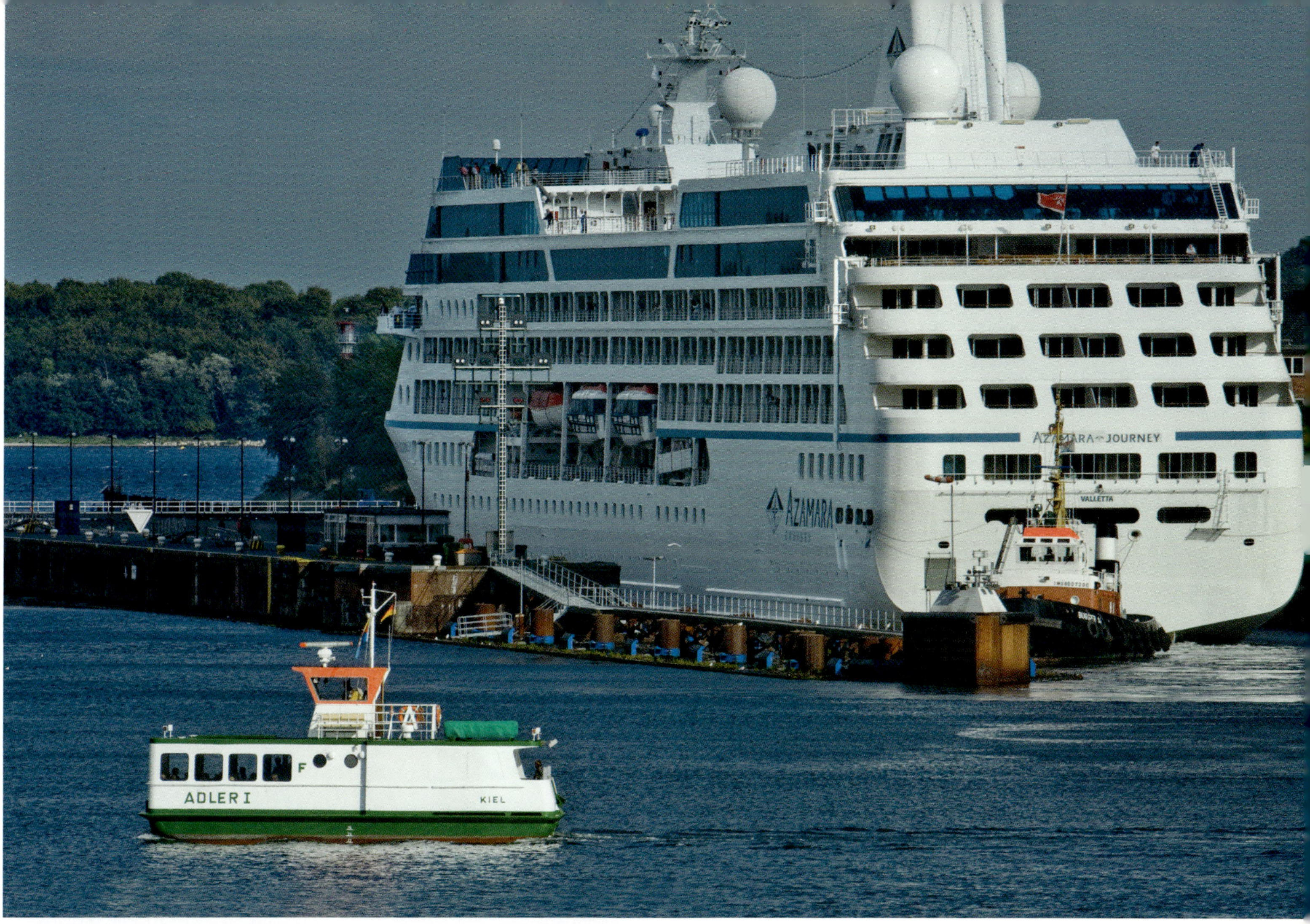
AZAMARA JOURNEY
AZAMARA
VALLETTA
ADLER I
KIEL

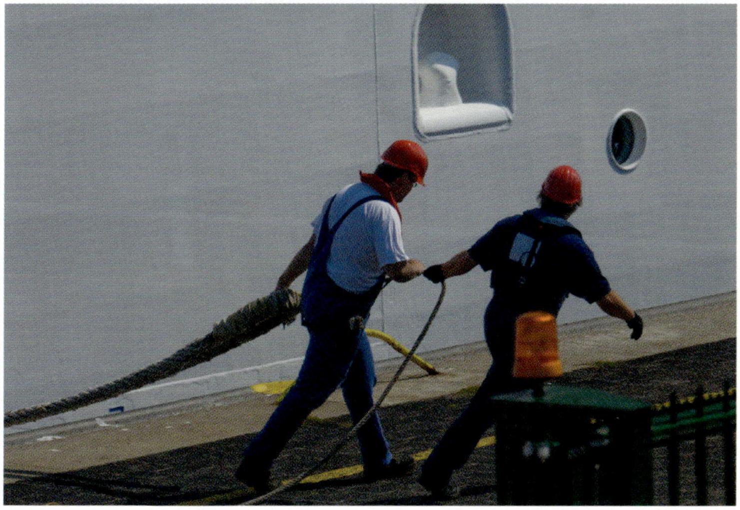

Schleuse Kiel-Holtenau – Anfang und Ende

der Reise auf dem Kanal, der Begegnung mit seiner Landschaft und seinen Menschen. Während die Containerfrachter Kurs auf die Kieler Bucht und die Ostsee nehmen, läuft der Kreuzfahrer „Astoria" gerade in den Kanal ein. Noch ist das Schleusentor vor seinem Bug geschlossen, aber bald beginnt die ganze Geschichte wieder von vorne …

zu den Autoren

Ulrike Baer

ist als Diplom-Agraringenieurin in einem Saatzuchtunternehmen im Bereich Öffentlichkeitsarbeit tätig. Ihr fotografischer Schwerpunkt: Pflanzenzucht, speziell Makrofotografie. Seit zwei Jahren fotografiert Ulrike Baer gemeinsame Projekte mit H. Dietrich Habbe.

H. Dietrich Habbe

lebt und arbeitet seit 1978 freiberuflich als Fotojournalist bei Kiel. Ausbildung in der Landwirtschaft, Fotostudium an der Hamburger Fotoschule, fotografische Reisen. Sein thematischer Schwerpunkt: der ländliche Raum Schleswig-Holstein dargestellt auf Titelbildern, in Kalendern, Bildbänden, Ausstellungen und Multivisionsproduktionen.
Seine unverkennbare Handschrift: präzise Bildgestaltung und die Reduktion auf wesentliche Elemente.

Ein Kritiker urteilt:
„Dietrich Habbe zeigt in seinen Fotos die Seele Schleswig-Holsteins".

Barbara Kotte

Studium der Geschichte, Publizistik und Germanistik. Lebt und arbeitet als freie Journalistin in Kiel, arbeitete vor 30 Jahren zum ersten Mal als Reporterin mit H. Dietrich Habbe zusammen. Weitere Stationen: Fachjournalistin im Tourismus, Gerichtsreporterin.